BU

Rizzoli

Dello stesso autore in BUR Rizzoli

Litigare fa bene

Meglio dirsele

Urlare non serve a nulla

DANIELE NOVARA

PUNIRE NON SERVE A NULLA

Educare i figli con efficacia evitando le trappole emotive

Pubblicato per

da Mondadori Libri S.p.A.

ISBN 978-88-17-08932-6

Prima edizione BUR: 2016
Quinta edizione BUR Parenting: aprile 2019

Realizzazione editoriale: Studio Editoriale Littera, Rescaldina (MI)

Seguici su:

Twitter: @BUR_Rizzoli www.bur.eu Facebook: /RizzoliLibri

Punire non serve a nulla

A Marta

INTRODUZIONE

Giugno 2016: un bambino giapponese di 7 anni, Yamato Tanooka, è in gita con la famiglia nei boschi dell'isola di Hokkaido; dopo una visita a un parco naturale i genitori raccontano di averlo perso di vista: il bambino è scomparso. Quasi subito però la versione dei fatti cambia e il padre di 44 anni ammette che Yamato si era comportato male: aveva lanciato sassi a persone e auto parcheggiate e non aveva smesso nonostante i ripetuti richiami. Così i genitori avevano deciso di "dargli una lezione" facendolo scendere dall'auto e lasciandolo cinque minuti da solo ai margini del bosco. Il loro intento era spaventarlo quel tanto che bastava a fargli capire il proprio errore e poi tornare a riprenderlo, ma il piano punitivo fallisce: Yamato si arrabbia e, con un moto di rivalsa nei confronti della famiglia, si inoltra nella foresta, popolata di orsi e dove le temperature notturne, nonostante sia giugno, arrivano attorno ai 10 gradi, e si perde sul serio. Centinaia di poliziotti lo cercano inutilmente per giorni e, quando ormai la speranza di ritrovarlo vivo è quasi svanita, lo scoprono a 7 chilometri dal luogo della scomparsa, nascosto in un hangar per le esercitazioni militari, dove si era rifugiato rimediando anche una provvista di acqua.

Ai giornali Yamato dichiara di essere scappato per "vendetta" contro i genitori, di aver trovato il riparo quasi subito e di non essersi più mosso da lì perché aveva paura, freddo e fame. Lo teneva vivo l'idea che se i suoi gli avessero realmente voluto bene, lo avrebbero cercato. Dopo il ritrovamento, il padre, in lacrime, si scusa davanti alle telecamere con il figlio e con tutti quelli che lo hanno aiutato nelle ricerche: «Lo abbiamo cresciuto in una famiglia amorevole, ma d'ora in poi faremo ancora di più per stargli vicino mentre cresce. Il nostro comportamento da genitori è andato oltre, ed è una cosa di cui mi pento molto. Pensavo di fare la cosa giusta per il suo bene, ma mi rendo conto di aver esagerato». Una storia a lieto fine, per fortuna. Ma anche l'ennesima lampante dimostrazione di quanto sia inutile, quando non addirittura pericoloso, pensare di educare con le punizioni.

Nel mio lavoro incontro tantissimi genitori e la classica domanda, prima o poi, arriva sempre: «Cosa devo fare quando mio figlio non rispetta le regole, quando dice le bugie, quando non ascolta e mi sembra di parlare a un muro, quando anche se gli chiedo una cosa cento volte non la fa, quando sembra proprio che mi voglia prendere in giro?».

"Cosa devo fare?" È una richiesta che segnala da un lato tutta l'impotenza di chi la pone e dall'altro una certa esigenza di sentirsi giustificati, o qualche volta magari lodati, rispetto all'uso di punizioni, castighi e varie sanzioni disciplinari.

Questo libro è una risposta nuova, non la solita scontata e banale consolazione del "quando ci vuole ci vuole!". Basta utilizzare sistemi e metodi che non funzionano, che non hanno mai funzionato e che sarebbe finalmente l'ora di abbandonare definitivamente! Anzi, vi dico di più: punire non ha nulla a che fare con l'educazione. Le punizioni sono elementi estranei ai processi educativi: che siano fisiche, simboliche, dimostrative o quant'altro, non hanno alcuna chance di favorire davvero la crescita, la responsabilizzazione o l'autonomia. Sostenere l'educazione dei figli vuol dire piuttosto conoscerne le fasi di sviluppo, accettarne la naturale immaturità, saper individuare le loro risorse, vedere il bicchiere mezzo pieno, essere rigorosi senza mai diventare mortificanti. Questo libro vuole essere la conferma che si può educare senza punizioni, che la conoscenza delle fasi evolutive della crescita dei figli permette di individuare le tecniche e le regole giuste, adatte a ogni fase di sviluppo, per essere efficaci nel contenimento e nel rispetto verso di loro.

I genitori, i "nuovi" genitori, possono farcela: segnare la svolta definitiva, relegando finalmente le punizioni all'archeologia della storia pedagogica e abbandonando l'errata convinzione che i bambini e i ragazzi debbano necessariamente passare attraverso la mortificazione per crescere.

Dopo aver esorcizzato con *Litigare fa bene* l'approccio punitivo e colpevolizzante ai litigi tra bambini, qui affronto un altro tabù dell'educazione tradizionale: la punizione come strumento necessario. E, dato che non è possibile mettere un dente nuovo senza prima togliere il vecchio, lo farò partendo da un'analisi e da una riflessione sull'inefficacia e sui pericoli dei vecchi metodi per poi proporre alternative concrete, operative, legate alle scoperte psicopedagogiche più innovative che possono davvero aiutarci ad affrontare il ruolo di genitori in modo nuovo ed efficace.

I nostri figli si aspettano uno slancio di coraggio educativo, mosse inedite e incisive, capaci di sorprenderli positivamente. Metterò in questo libro le ricerche scientifiche, le conoscenze acquisite, la mia esperienza più che ventennale di consulenza ai genitori e, perché no, anche il mio personale percorso professionale e umano: come tanti ex bambini considerati più o meno terribili, conosco l'argomento punizioni da vicino. Buona lettura!

Daniele Novara

1 PRIMA PARTE

PER NON RIPETERE GLI STESSI ERRORI

1

È MEGLIO CERCARE DI EDUCARE BENE CHE TROVARE LA PUNIZIONE PERFETTA

Nella soffitta della memoria mi rivedo come una bambina curiosa, riflessiva, costantemente preoccupata di compiacere la mia famiglia. Ma pare che non ci riuscissi, perché sia la mamma sia la nonna mi trascinarono più volte da don Giuseppe, il parroco della chiesa di Santa Maria Rossa, chiedendogli di benedirmi, perché avevo addosso il Diavolo.
S. Casati Modignani, *Il Diavolo e la rossumata*

LA RISPOSTA GIUSTA NASCE SOLO DA UNA BUONA DOMANDA

Una volta, una mamma mi disse: «Per crescere i figli non ci sono istruzioni». È proprio così: quando nasce un bambino nessuno rilascia un libretto dove trovare le indicazioni per affrontare le problematiche, svariate e imprevedibili, che i genitori si troveranno a dover gestire man mano che il piccolo, o la piccola, cresce.

Il mestiere del genitore non è facile, ma non è vero che l'unica possibilità sia affidarsi al buon senso e alle indicazioni, sempre più mutevoli, di amici, parenti e personaggi famosi, sperando che vada tutto bene. Oggi abbiamo molte informazioni, e sempre più dettagliate, sul funzionamento della mente infantile, sulle fasi dello sviluppo neurologico, sull'evoluzione psicologica e fisiologica dei bambini e dei ragazzi, ma spesso le risposte alle nostre domande educative si rivelano inefficaci perché non sappiamo o non siamo in grado di porci le giuste domande.

«Se non mi ascolta, come lo castigo?» «Lo sgrido solo io o è meglio che intervenga anche il padre?» «Qual è la punizione che fa più effetto?»

> Bisogna cambiare le domande. Quelle errate provocano risposte inefficaci, che non raggiungono gli scopi che ci siamo prefissati.

Chiedersi se le domande che ci facciamo sull'educazione dei nostri figli sono adeguate è il primo passo per cominciare a scrivere il nostro personale e familiare libretto di istruzioni.

Ricordo che, in una delle mie tante serate per i genitori, una coppia intervenne lamentandosi del proprio bambino di quasi 5 anni: «È davvero vivace... anche troppo. Non rispetta nessuna autorità! Specialmente all'asilo, con le maestre...». Come spesso faccio, chiesi ai due di fare degli esempi e il padre mi rispose convinto: «Guardi, una volta mi è scappato in mezzo alla strada. Non ci ho visto più... è una cosa pericolosissima... L'ho preso e gli ho dato una bella sculacciata, così capiva!». Mi permisi di osservare che un intervento di quel tipo è mortificante per un bambino, aggiungendo poi che quella parte del corpo ha anche una certa sensibilità sessuale. L'uomo sgranò gli occhi, mi guardò sconcertato e, senza pensarci troppo, chiese: «Ma allora... dove lo picchio?!».

È solo un esempio, anche simpatico nella sua onestà, di quanto persista ancora un approccio educativo che, al di là del giudizio sulla punizione fisica, non risulta nemmeno efficace: nonostante tutto, il bambino continuava imperterrito a opporsi all'autorità dei genitori e delle maestre.

Quanti bambini sembrano "chiamare gli schiaffi"? Quanti si spingono al limite, come se stessero cercando l'intervento manesco, come se sentissero il gusto delle mani addosso, quasi alla ricerca patologica di un contatto che non è però nella logica della coccola, dell'affetto, ma proprio della durezza, dell'incisività, al confine con la violenza? I casi estremi raccontano di bambini la cui oppositività sembra il disperato tentativo di ottenere un contatto, spesso l'unica forma di vicinanza fisica con i genitori.

Si tratta di situazioni limite, che appartengono più al passato che al presente, ma mettono in luce quanto è importante che sia il genitore a farsi le domande corrette e a cercare le risposte giuste, piuttosto che aspettarsi dai figli comportamenti appropriati.

I figli, in senso positivo o negativo, si adeguano sempre a quello che i genitori predispongono. Le classiche espressioni «Si comporta bene» o «Si comporta male» segnalano legittimamente la differenza tra un tipo di condotta e un'altra, ma tendono a far dimenticare che

> il comportamento infantile si muove sempre all'interno dei confini di ciò che gli adulti, in maniera esplicita o implicita, conscia o inconscia, consentono.

Soltanto in parte durante la preadolescenza, e poi certamente in adolescenza, il ragazzo o la ragazza potranno cercare di sottrarsi, nel vero senso della parola, al sistema impostato dal padre e dalla madre; ma gli esordi educativi parlano sempre e unicamente la lingua dei genitori. Per questo loro sono la grande risorsa dei figli: possono orientare in un senso o nell'altro, hanno sempre la possibilità di fare le mosse giuste.

Con questo libro intendo offrire un'alternativa ai metodi educativi che ci trasciniamo dietro e che ci trascinano a loro volta: occorre però schiodarci dalle solite questioni sull'efficacia delle punizioni, sulla quantità accettabile e le strategie migliori, per liberare noi e i nostri figli dai retaggi del passato, da ciò che ci ha fatto soffrire e che non c'è alcun bisogno di perpetrare.

Cominciamo a eliminare qualche domanda sbagliata che non ci dà tregua, e che riemerge ciclicamente:

> Qual è la punizione giusta per impedirgli di stare perennemente davanti ai videogiochi?
> Uno di noi deve essere duro e l'altro morbido o dobbiamo avere lo stesso approccio?
> Vale anche la punizione inflitta dai nonni?
> Se piange disperato, dobbiamo continuare a punirlo o sospendiamo?
> Se un bambino è in punizione, l'altro può continuare a giocare?

La convinzione che siano i genitori a dover cambiare anziché i figli deve essere anche motivo di speranza: non c'è alcun vantaggio a pensare che siano i bambini a essere sbagliati, ad avere problemi, patologie, deficit, disturbi. Lavorare per correggere il proprio sistema educativo permette di restituire fiducia alla funzione genitoriale ed educativa e restituisce fiducia anche ai figli.

I deficit di organizzazione educativa non si risolveranno mai con le punizioni.

È interessante, da questo punto di vista, ascoltare le voci di alcuni tra i tanti genitori che mi scrivono. Racconta Sara:

> Ho due figli, un bimbo prossimo ai 6 anni e una di 20 mesi. Sto leggendo il suo libro *Urlare non serve a nulla* e in alcuni punti trovo che mi abbia aiutato; concordo sul fatto che urlare a prescindere non è la soluzione corretta e che non esiste una bacchetta magica per esaudire i nostri desideri di genitori. Però volevo sottoporle il mio quesito personale: come si fa a non urlare o a far funzionare al meglio la "negoziazione" quando tuo figlio di 6 anni cerca in tutti i modi di non rispettare la regola?

Ad esempio: concordato insieme al bambino che è l'ora di spegnere la tv, che quello che sta guardando è l'ultimo cartone animato, come comportarsi se lui prova in tutti i modi immaginabili («Per favore, l'ultimo, l'ultimissimo...», o cambiando canale prima che il cartone finisca cercandone furbescamente uno appena iniziato) a continuare a guardarla?
Oppure: come comportarsi quando lui sa bene che non deve fare determinate cose (non fare rumore se la sorellina sta dormendo, non giocare vicino ai fornelli) e comunque le fa tutte quasi in ordine alfabetico?
Gli esempi che potrei proporle sarebbero infiniti... Non è semplice per un genitore tenere a bada le proprie emozioni quando, nella quotidianità, il proprio figlio cerca in tutti i modi di sgattaiolare dalla regola, questionando per ogni cosa, non ascoltando e cercando in tutto e per tutto di fare di testa propria.

Sara è convinta che le regole che ha dato a suo figlio siano giuste, è questo il presupposto da cui scaturisce l'unica domanda possibile: "Perché mio figlio sbaglia?". E di conseguenza la sua richiesta diventa: "Come posso impedirgli di sbagliare?". La regola c'è, quindi l'errore è del bambino.

In realtà dalle sue parole emerge chiaramente il focus della situazione: Sara confonde le competenze evolutive di suo figlio di 6 anni con quelle di un adolescente.

Parla di "negoziazione" di un "accordo" preso con il bambino, ma concordare a che ora spegnere la tv non può funzionare con un seienne: è confusivo e manca di chiarezza. Parliamo di una regola o di qualcosa appunto "concordabile"?

> Sara attribuisce al figlio
> una capacità di autodeterminazione
> che ancora non può avere.

Soltanto con un preadolescente e poi con un adolescente si può immaginare di impostare delle regole in termini di negoziazione, pattuendo limiti e confini.

Da questo scritto di Sara emerge anche un'insistenza che rischia di trasformarsi in discussione, eccesso verbale: gli spiego, parlo, concordo... ma niente!

> È quasi inevitabile che poi l'adulto
> finisca per avere una crisi emotiva,
> innervosirsi e trascendere.

Possiamo fare di meglio.

Anche Pietro, padre di Giorgio, 5 anni, Matteo, 3 anni e mezzo, e Davide di 1 anno, è preoccupato per suo figlio.

> Abbiamo problemi con Matteo. Anche i maestri lo descrivono socievole e sveglio, ma è estremamente vivace, iperattivo, non sta letteralmente mai fermo e fa una grande fatica a concentrarsi per fare ogni singola cosa. All'asilo raramente finisce un lavoretto che gli è stato assegnato. Oltre a questo, soprattutto nell'ultimo periodo, sembra non rispettare più l'autorità degli adulti che lo circondano. Ascolta un pochino di più solo me, che sono il padre, però ammetto di avergli dato forse qualche scapaccione di troppo... Gli parli e le cose

> gli entrano da un orecchio e gli escono dall'altro, e questo rende molto frustrata mia moglie che finisce spesso per urlare e aggredire i bambini per cercare di farsi ascoltare. Cosa possiamo fare?

Anche in questo caso si nota un difetto nell'organizzazione e nella capacità di costruire le regole. In particolare sembra che la strategia educativa sia poco condivisa, al punto che il padre tende a criticare la moglie per i suoi atteggiamenti verbalmente aggressivi nei confronti dei figli. Emerge una fiducia eccessiva nelle spiegazioni, nelle parole, nel tentativo di convincere il bambino a comportarsi in un certo modo. Matteo è molto piccolo, ha bisogno della costruzione di consuetudini adeguate, chiare, e solo una buona organizzazione può funzionare. In questo caso

> occorre ridurre drasticamente spiegazioni, urla, discussioni, rimproveri, insistenze

spostando l'attenzione dai comportamenti infantili (già emerge per certi versi il sospetto che Matteo possa essere un iperattivo...) a quelli dei genitori, risparmiando agli adulti patemi e ricerche di diagnosi, ed evitando di sottoporre il bambino a inutili stress con richieste insistenti e inefficaci.

Anche a scuola le punizioni sopperiscono a una valida organizzazione. Certamente dipende da insegnante a insegnante, dalla tipologia di scuola stessa, ma l'Italia su questo fronte si muove a passo molto lento. La convinzione che l'alunno possa capire e apprendere le regole solo espiando con castighi e sgridate è ancora ben radicata e crea continui cortocircuiti dal punto di vista organizzativo.

Durante una sessione di formazione per insegnanti, dedicata alla gestione educativa della conflittualità con gli adolescenti, una professoressa candidamente mi chiese: «Sì okay. Però poi, alla fine, come lo punisco?». La donna si era presentata come insegnante di sostegno e mi venne naturale domandarle: «Mi scusi, ma se lei è l'insegnante di sostegno che bisogno ha di punirlo?». Con altrettanto candore, esclamò: «Certo, sono un'insegnante di sostegno, ma voglio diventare un'insegnante normale». La risposta paradossale, e per certi versi imbarazzante, evidenzia quanto alcune convinzioni agiscano dentro di noi e ci portino a porci proprio le domande più inutili: essere un'insegnante normale significa avere la prerogativa e l'autorizzazione a punire i ragazzi?

Un'altra testimonianza che si pone in questa logica è di una famiglia che in consulenza mi portò il resoconto, inviato dalle insegnanti di una scuola secondaria di primo grado ai rappresentanti di classe, in merito alle decisioni prese sulle punizioni.

Riunione del 4 dicembre 2015:

1. I provvedimenti che verranno presi saranno personali e non più collettivi. Verrà sanzionato chi agisce, ma anche chi approva il comportamento scorretto del compagno con risatine o gesti.
2. Verranno inflitte sospensioni e anche 5 in condotta sulla scheda di valutazione del primo quadrimestre a chi non si comporterà in modo rispettoso ed educato, sia nei confronti dei professori che dei compagni.
3. Per quanto riguarda le gite d'istruzione vi parteciperà solo chi avrà dimostrato un comportamento, come già detto, rispettoso ed educato.

4. È richiesto che non siano più fatti, durante l'intervallo, "giochi" che coinvolgono la propria e altrui corporeità.

Un esempio di come la cultura della punizione pretenda di sostituire la necessaria chiarezza e il bisogno di indicazioni precise. Cosa si intende per comportamento scorretto? In cosa consiste il comportamento «rispettoso ed educato» richiesto per poter prendere parte alle gite d'istruzione? Quali sono i "giochi" (da notare le virgolette nel testo) di cui si parla? Questo resoconto è pieno di impliciti, che certamente non aiutano a regolamentare i comportamenti dei ragazzi. Sembra prevalere una volontà di rivalsa nei confronti di qualcosa che gli studenti hanno combinato, senza tuttavia collocare le "malefatte" all'interno di una cornice chiara.

Educare senza punire è possibile e realistico. Il vantaggio è anche nostro, non solo dei nostri figli!

Una mamma mi racconta:

> Ho picchiato i miei due figli, che ora hanno 16 e 14 anni, finché mio figlio più grande, a 7 anni, ha alzato le mani su di me. Allora ho capito che, forse, picchiandolo imparava a picchiare... anche a scuola si dava molto da fare.

La testimonianza di questa mamma, così essenziale e drastica, ci dimostra che

> ossessionarsi con le punizioni è veramente inutile,
> quando non controproducente.
> Meglio cercare di fare bene il proprio lavoro educativo.

UN MITO DURO A MORIRE

In libreria, alla fine di una presentazione, mi si avvicina una signora fra i 65 e i 70 anni e attacca:

> Buonasera professore. Volevo dirle che ho due figli maschi, di 40 e 43 anni. Nella vita ce l'hanno fatta, non abbiamo avuto problemi. E sa perché? Da piccoli li abbiamo spazzolati tutte le volte che ci facevano arrabbiare. Mi ricordo una volta, eravamo in auto in montagna e hanno iniziato a fare una cagnara insopportabile. Ci siamo fermati e li abbiamo riempiti di botte, picchiando forte... E sono venuti su dritti. Ogni tanto loro adesso mi dicono che siamo stati troppo duri e ricordano questi episodi spiacevolmente. Ma io penso che abbiamo fatto bene... Un po' di botte li hanno fatti crescere come si deve.

Ricordo che rimasi un po' interdetto e le risposi che il loro approccio genitoriale mi sembrava richiedere più l'opinione di un avvocato che di un pedagogista. Le feci presente che oggi, forse, con un comportamento del genere avrebbe rischiato la galera... Ma, con mia grande sorpresa, la signora invece di trattenersi continuò a sostenere la sua tesi: era davvero convinta di quello che stava dicendo!

> Ci sono dei miti duri a morire, la storia dell'educazione ne è ricca, specie quelli che riguardano il rapporto genitori-figli.

Il più tenace sostiene che ogni tanto, una sculacciata, un ceffone, un colpetto in testa o sul corpo, mette fine a sceneggiate e capricci, corregge i comportamenti scorretti, male certo non fa e risolve le situazioni critiche. Insegna addirittura a comportarsi bene.

Non so quante conversazioni ho intrattenuto con genitori che, specialmente dopo la pubblicazione dei miei ultimi libri,[1] cercavano di convincermi dell'utilità di tenere sotto pressione i figli, utilizzando ogni tanto anche qualche "dispositivo fisico", oltre che "psicologico". Nel capitolo 4 approfondirò l'equivoco educativo della punizione fisica, anche se, come hanno ampiamente messo in luce diversi testi dedicati alla "pedagogia nera",[2] nella storia della filosofia e della pedagogia occidentale, la coercizione fisica e psicologica sui figli è sempre stata sostenuta da una legittimazione anche teorica. Esistono ormai varie ricerche scientifiche che non lasciano dubbi in merito ai danni di un atteggiamento educativo violento e punitivo. Si tratta di un mito difficile da scardinare. Forse è davvero passato troppo poco tempo dall'epoca del "padre-padrone", del "mangia la minestra o salta dalla finestra", della classica espressione: "O con le buone o con le cattive". Sono luoghi comuni, hanno dominato per secoli la vita di tante generazioni.

Ricordo in particolare una mamma che era venuta per parlarmi dei problemi con la figlia, ma che a un certo punto, in accordo con me, aveva deciso di affrontare la storia della propria infanzia e della propria educazione. Come spesso faccio, le chiesi di portare all'appuntamento qualche foto di lei da piccola, insieme ai genitori. Arrivò con una fotografia del Natale del 1971, la classica foto natalizia dove genitori e figli erano ritratti tutti insieme. Nell'immagine era seduta con le cuginette sul divano di casa, e ai due lati il padre e lo zio. Quell'immagine, che doveva racchiudere l'essenza del rituale natalizio familiare, mostrava un dettaglio inquietante: lo zio teneva in mano una cinghia. Nel mostrarmi il particolare la signora scoppiò in lacrime. Mi raccontò che l'uomo usava quella cinghia per minacciare e punire le cugine e a distanza di trent'anni quell'immagine le incuteva ancora terrore, angoscia. Probabilmente era il metodo educativo che anche suo padre utilizzava con lei, ma soprattutto le ricordava un'infanzia in cui la crudeltà nei confronti dei bambini era all'ordine del giorno.

In Italia, i dialetti registrano la storica adesione del mondo adulto a un approccio punitivo nei confronti dei più piccoli. Ricordo un'espressione dialettale piacentina, *al sarücc*, che indica una punizione di cui ho fatto più volte esperienza:

> Avevo 5 anni quando ci trasferimmo dalla campagna alla città, in un quartiere popolatissimo di bambini la cui parrocchia, proprio per questo, era stata affidata ai salesiani. Gestivano un oratorio che era il nostro spazio di gioco principale: calcio, ping pong, basket, attività di ogni tipo. Alle 17 il fischietto di don Vittorino ci richiamava tutti alla preghiera nel cortile di fronte alla Madonna, e poi di nuovo a giocare. Motivi per essere puniti ce n'erano tantissimi: scarsa attenzione durante la preghiera, scontri fisici di varia natura, urla eccessive, bugie, scherzi ai compagni, piccoli furti. Se ci andava bene venivamo solo sgridati, ma in genere la punizione era più sostanziosa: *al sarücc*. Si trattava di un gesto semplice ma raffinato: don Vittorino sollevava la mano chiusa a pugno, con il dito medio leggermente sporgente, e lo strusciava forte sul cranio del malcapitato, provocandogli un dolore immediato, come un colpo di frusta. Ero vivace e ne ho presi parecchi. All'epoca mi sembrava uno scotto inevitabile, non dissimile dal trattamento che diversi maestri ci riservavano anche a scuola. Giocare era comunque più importante!

Anche mia madre quando parlava del sottoscritto ripeteva spesso: «Sì, è bravo, ma solo quando dorme!». La frase è simpatica, e ancora in auge tra i genitori, ma denota per certi aspetti la profonda difficoltà del mondo adulto a reggere la normale attitudine infantile alla vivacità e alla curiosità.

CONTENERE I FIGLI CON UNA BUONA ORGANIZZAZIONE EDUCATIVA

L'emotività è oggi il grosso impedimento che rende difficile, per i genitori, organizzare consapevolmente l'educazione dei figli. Il genitore emotivo punta a intessere e mantenere una relazione costante con loro, a rimarcare la sua presenza, a reagire più o meno immediatamente ai loro comportamenti, a punteggiare, con le parole e a volte con urla e punizioni, quello che fanno. Ce la mette tutta, ma risulta spesso inefficace. Finisce intrappolato nelle proprie emozioni, da cui vuole liberarsi al più presto, cercando di fare qualcosa, di muovere l'aria con le parole o con le mani.

Il genitore che voglio presentare qui, in grado di raggiungere i propri obiettivi educativi, punta a una buona organizzazione anziché ai dialoghi infiniti, alle discussioni, agli scambi verbali di ogni tipo.

> Non è la pura e semplice relazione che garantisce la crescita dei figli, non è parlare con loro che li educa, ma organizzare bene tutto ciò che serve alla loro crescita.

Quando manca la consapevolezza delle tappe del percorso evolutivo, quando le regole non sono chiare, le punizioni, i castighi, le sanzioni diventano quasi necessari. Spesso sono il frutto del nervosismo prodotto da quello che accade, e direi anche dal senso di impotenza. La situazione sfugge di mano, inevitabilmente si produce tensione e una sorta di accanimento, i figli stessi percepiscono la frustrazione e l'inefficacia dei genitori. Si diventa vittima delle proprie trappole emotive.

In questo senso sono molto interessanti le testimonianze di bambini e ragazzi.

Beatrice, 11 anni

> Una volta mia mamma mi ha sgridato, si è arrabbiata, mi rinfacciava le cose: era delusa perché avevo preso un brutto voto alla verifica. Io ero già triste di mio, anche se comunque aveva ragione perché potevo studiare di più. Ma la sua reazione non è servita a molto: ho preso un brutto voto anche alla verifica successiva.

A 11 anni Beatrice ha le competenze che le consentono di cominciare a ragionare sul comportamento della mamma. Lo trova inefficace, perché la tristezza per aver preso un brutto voto è già sufficiente ed essere sgridati e rimproverati non stimola a fare meglio. Non è con questo metodo che la mamma può ottenere un risultato, anzi contribuirà ad abbassare la motivazione della figlia rispetto all'impegno scolastico e a ridurne l'autostima.

Alice invece, di due anni più piccola, non è ancora in grado di elaborare riflessioni sul comportamento genitoriale:

Alice, 9 anni

> Quando noi non studiamo, mamma non ci fa andare a danza e non ci fa neanche uscire. Se noi facciamo casino e di sotto c'è gente che dorme, ci urla. Mamma ci dà le sculacciate perché facciamo le cattive. Se usiamo il telefono papà ce lo leva di mano perché non abbiamo preparato lo zaino per la scuola.

In questa situazione la confusione è veramente tanta. Alice dice di ricevere le sculacciate perché fa la cattiva. Ma se valutiamo la situazione dal suo punto di vista dovremmo chiederci: cosa vorrà dire fare il cattivo o la cattiva?

È estremamente difficile per un bambino di 9 anni comprendere i termini della questione se non c'è una chiara esplicitazione dei contenuti di questo essere buono o cattivo. Sono giudizi che rischiano di restare esclusivamente collegati alla soggettività, se non arbitrarietà, della mamma, o dei genitori in generale, che di volta in volta possono essere più o meno tolleranti o disponibili a concedere qualcosa o a non concederlo.

> L'organizzazione prevede chiarezza di richieste, di indicazioni, di orientamenti operativi/pratici ai bambini.

I bambini, per tutta l'infanzia almeno fino ai 10 anni, hanno un pensiero operativo-concreto e spesso, per comprendere, necessitano non solo di parole ma anche di dimostrazioni concrete: "Ti faccio vedere". Ti faccio vedere come devi trattare il nostro cane o il gatto, ad esempio; non ti spiego soltanto, ti mostro concretamente come si fa. Considerare l'età dei bambini è poi molto importante, perché le differenze possono essere significative: 12 anni o 9 non sono la stessa cosa.

Cesare, 9 anni

I miei genitori non mi puniscono spesso, le punizioni variano a seconda di quello che ho fatto. Capita che la mamma non mi fa usare la tv, il tablet, il telefono per un po'. Il papà invece non si arrabbia quasi mai, ma quando lo fa rimane

> di cattivo umore per giorni. Lui non mi mette quasi mai in punizione.
>
> Alcune volte che capisco di aver fatto qualcosa di male mi metto in punizione da solo. Una volta mi ero messo in punizione per due settimane, ma una sera papà mi ha tolto la punizione perché ha detto che ero stato bravo. Invece una volta l'ha fatto la mamma, però solo con le punizioni che mi do da solo.

Anche nel caso di Cesare la confusione regna sovrana. Ci sono le punizioni della mamma, quelle rare del papà, e quelle che si dà da solo. È difficile capire quale possa essere il principio organizzativo che regola la gestione del bambino, e Cesare a 9 anni ha bisogno di coordinate chiare, precise e semplici.

Anita, 8 anni

> La mamma mi fa calmare e cerca di parlare con me quando mi picchia per aver sbagliato un compito di matematica. Però io mi calmo subito e ascolto mia mamma.

Nel caso di Anita osserviamo come la sua percezione delle azioni materne sia quasi indifferenziata: l'atteggiamento della madre che la consola e rassicura quasi si sovrappone a quello della madre che la picchia. Cosa succederà veramente in quelle situazioni? Di certo Anita non capisce ed è evidente il senso di spaesamento che la mancanza di chiarezza produce.

Dopo aver ascoltato il racconto di qualche bambino adesso passiamo a quelli dei genitori. Ho raccolto la testimonianza di una coppia, Davide e Carla, e le loro reciproche versioni su come intervengono nella gestione delle punizioni con i figli. È un documento molto interessante perché mostra la difficoltà di sostituire le punizioni con una buona organizzazione.

Davide, papà di Pietro, 11 anni, e di Anna, 3 anni

Io ho due figli che sono bravissimi. E sono bravissimi anche nel prendermi in giro! Lo dico con tutto l'affetto del mondo, però davvero quando sono insieme, e soprattutto insieme a me, se ne approfittano. E io lo so, ma va bene così. Anche se poi fanno un po' sempre quello che vogliono e mia moglie non ne è proprio così contenta.

Mi spiego. Io lavoro tanto fuori casa. Torno alla sera tardi quando Pietro e Anna sono già a dormire. In pratica, me li godo il sabato e la domenica e in quei due giorni cerco di recuperare tutto il tempo perso.

Mia moglie invece sta tanto con loro: è lei che li accompagna, che li segue, che controlla i compiti e che facciano quel che è giusto, che siano ben educati. Se è il caso li sgrida, ed è bella severa, soprattutto da quando sono in due. Prima, con un figlio solo, era tutta un'altra storia: non c'è paragone, era molto più facile!

Solo che io, mi rendo conto, sono più morbido rispetto a lei. Anche se lei ha stabilito di dar loro un castigo perché l'hanno fatta grossa, io lo so che arrivano da me e non resisto: glielo tolgo. Non so... se era stato deciso niente gelato per un giorno, io alla fine poi glielo prendo.

Non è che capiti proprio sempre, però spesso, davvero. E mia moglie se la prende con me e ha anche ragione. Ma passo con loro troppo poco tempo per fare il severo, e in realtà mi sembra che bastino piccole cose per farli felici. E poi...

Be', mia moglie dice che i bambini mi hanno rimbambito! Sarà vero, ma finché sono piccoli...

Carla, mamma di Pietro e di Anna, e moglie di Davide

Io ho un figlio grande che è bravissimo, non posso dire altro. È maturo per la sua età, conosce le regole, i miei punti di vista e sa dove può arrivare. Se c'è qualcosa che non va, ne parla con me, anzi a volte cerca di far rispettare le regole di casa anche alla sorella piccola.

Anna invece è diversa. Lei va contro le regole, è un no continuo e non molla mai! Quindi con lei c'è bisogno di intervenire... anche perché è sveglia, è furba – in senso buono – ma davvero! Soprattutto con mio marito.

In pratica con Pietro castighi minimi. Con Anna, no! Poi è vero che noi siamo una famiglia un po' particolare per via dei nostri orari di lavoro. Facendo i conti mio marito c'è un giorno e mezzo alla settimana, mentre il genitore che è sempre presente di fatto sono io.

Ad esempio, a tavola siamo di solito solo io e i bambini. Però io e mio marito abbiamo raggiunto un compromesso, a livello educativo, che sembra funzionare a beneficio di tutta la famiglia.

Mi spiego: Davide è più accondiscendente, tenero, permissivo con i nostri figli. Ma se hanno fatto qualcosa per cui meritano una punizione, basta uno sguardo. Non ai bambini, a lui! E capisce che si deve fermare. Che è il momento di dire: «Lo sapete che mamma non vuole».

Poi ovvio, sulle cose importanti siamo d'accordo in pieno tutt'e due. E se il papà sta così poco con loro è comprensibile che ci tenga a essere più accondiscendente. Di sicuro è più come un loro amico che un genitore. Diciamo che l'adulto autorevole sono io.

Secondo me siamo coerenti, viaggiamo sullo stesso binario, ma è l'atteggiamento che è differente. E comunque stiamo cambiando anche noi, stiamo facendo esperienza. Ad esempio, ormai abbiamo ben capito che sberle e sculacciate non servono proprio a niente. Ma per crescere i figli non ci sono istruzioni come per usare la lavatrice: non ce n'è, si impara insieme!

Ecco quello che dicevamo all'inizio: non ci sono istruzioni chiare per crescere i figli! Eppure da queste due testimonianze emerge come anche nell'estrema motivazione, nella volontà di fare il meglio possibile, i genitori restino intrappolati in alcune classiche reazioni emotive che possono creare problemi seri.

Il comportamento di Davide mette in luce significativi elementi di disaccordo con la moglie Carla: essendo convinto di stare poco in casa, quando è con i figli si pone su un piano di intrattenimento che necessariamente crea le dinamiche raccontate dalla donna. Al punto che, quando si verificano situazioni di conflitto con i bambini, è lui il target dell'intervento di Carla: è il marito che va "bloccato", perché altrimenti sarebbe portato ad accontentare le richieste dei figli, si presume sbagliate. A questo punto il padre commette il classico scivolone: con la massima naturalezza declina ogni responsabilità – "Lo sapete che mamma non vuole" –, palesando ai figli l'assenza di coesione genitoriale.

Inoltre nella testimonianza di Carla emerge la sua fatica a cogliere la distinzione tra la figlia di 3 anni e quello di 11. Eppure è una differenza fondamentale: sono due mondi diversi. Analizzando nel dettaglio la situazione, è il comportamento di Pietro che andrebbe letto in una logica trasgressiva, mentre quello della bambina di 3 anni rispecchia nient'altro che la naturale vivacità e "immaturità" della sua età. Il ragazzo di 11 anni comincia ad avere la consapevolezza delle sue azioni, ma non si può dire lo stesso della piccola Anna.

Questa differenza sembra però sfuggire a Carla, che accentua con molta determinazione la caratterialità e addirittura l'intenzionalità della bambina. È Anna che infrange le regole, «è un no continuo e non molla mai».

> Come se cogliesse, nel comportamento della piccola, un elemento di colpevolezza piuttosto che di semplice immaturità.

L'elemento più critico in questa dinamica sembra essere comunque l'attribuzione di amicalità al ruolo paterno, mentre lei viceversa si assume un ruolo più autoritario. È difficile che questo posizionamento possa creare coesione, e quindi la percezione di coerenza reciproca appare una pura e semplice impressione non confermata dai racconti. Di fatto la presenza di sgridate e punizioni segnala che non tutto fila liscio.

Carla comunque alla fine ha ragione: fare il genitore è difficile, non esistono genitori perfetti. Per fortuna direi!

> Il genitore perfetto non è necessario, anzi i genitori che pretendono di esserlo possono davvero creare danni seri nei figli.

Dobbiamo piuttosto imparare a utilizzare al meglio le informazioni che abbiamo.

Questo libro si propone di aiutarvi a trasformare le situazioni di stress emotivo e di confusione nella gestione dei figli, in situazioni di chiarezza e organizzazione. Non significa che poi diventerà tutto semplice, ma sicuramente avremo gli elementi che ci consentono di fare le scelte giuste per aiutare i nostri figli a diventare grandi.

Memo

Le basi necessarie a una buona organizzazione educativa sono sostanzialmente quattro, e saranno l'argomento degli ultimi capitoli.

Anzitutto **il gioco di squadra fra i genitori**: comunicare fra papà e mamma per compiere le mosse giuste è più importante di tante parole spese con i figli, che il più delle volte creano solo confusione. Saper comunicare tra genitori e concordare le decisioni educative da prendere genera sicurezza e tranquillità anche nei figli.

Adeguarsi all'età dei figli permette di dare le regole giuste senza supporre che siano più grandi o più piccoli della loro effettiva crescita evolutiva; la consapevolezza delle caratteristiche di ogni età permette ai genitori di fare richieste pertinenti.

La chiarezza delle regole consente ai figli di procedere in modo adeguato, di sapere esattamente cosa è possibile e cosa non è possibile, di avere una cornice di riferimento esplicita. Le regole stabilite con chiarezza – negoziate con gli adolescenti e indicate con precisione ai bambini – creano fiducia e stabilità.

Stabilire una giusta distanza relazionale evitando promiscuità e confidenze eccessive mantiene gli adulti nel ruolo di educatori e mette i figli in condizione di rispettare e ascoltare i genitori.

Esistono anche alcuni strumenti specifici che propongo con successo ai genitori da alcuni anni. Uno di questi è il "silenzio attivo", molto efficace in particolari situazioni. Ma la base di tutto è una buona organizzazione. Concludo con le parole di Silvia Vegetti Finzi che colgono bene la prospettiva su cui lavorare:

> Spesso gli aspetti del carattere che non sopportiamo in nostro figlio, sono quelli che meno accettiamo in noi stessi. Cercando di essere meno intransigenti con noi, diventeremo più tolleranti anche con lui.
>
> Disporsi ad accettare la sostanziale diversità del figlio, è l'attitudine migliore per aiutarlo a prendere coscienza di sé, sviluppando le sue potenzialità in modo autonomo, senza doversi adeguare alle aspettative dei genitori anche quando contrastano profondamente con la sua indole.[3]

2

LE PUNIZIONI OGGI: BAMBINI E GENITORI SI RACCONTANO

Io non avevo colpa e m'hai punito
Io non l'avevo fatto ciò che hai detto
Quando son io che sbaglio e l'ho capito
Sento un fuoco di rabbia dentro il petto
Ma ora non ho sbagliato e sento un ghiaccio
Ora hai sbagliato tu
E io che faccio?
B. TOGNOLINI, *Rime di rabbia*

STANNO MALE MA NON POSSONO DIRVELO

Ho chiesto ad alcune insegnanti, che lavorano in diverse regioni d'Italia, di raccogliere le testimonianze dei loro alunni in merito a due domande, semplici e specifiche: «I tuoi genitori ti puniscono?»; «In che modo?».

Sorprende l'atteggiamento ovvio e scontato con cui i bambini parlano delle punizioni che ricevono: raramente si lamentano, protestano, si oppongono. Sembra che per loro siano eventi ineludibili, qualcosa a cui sono rassegnati.

Riporto alcune di queste testimonianze, piuttosto simpatiche nella loro spontaneità.

> Lucrezia, 9 anni: «Di solito mi tolgono la tv, o gli oggetti elettronici... mi danno qualche scappellotto a volte».
> Greta, 8 anni: «Non mi fanno andare a danza per 1/2/3 settimane, a seconda della gravità».

Lorenzo, 10 anni: «Mi tolgono il tablet per un mese. Se il pagellino non va bene non mi mandano a basket o in piscina. Qualche volta mi tirano l'orecchio».
Marco, 8 anni: «Mi danno degli schiaffi, mi tolgono basket. Però se passo con la media del 9 quest'anno mi comprano la PlayStation».
Jasmine, 9 anni: «Mi fanno fare i mestieri in cucina, mi tolgono il tablet, la tv e mi chiudono nello studio al buio. Oppure non posso giocare con le mie amiche».
Gianluca, 8 anni: «Mi danno dei "pattoni", mi sgridano, mi strattonano».
Sonia, 8 anni: «Mi tolgono tv e Nintendo».
Monica, 8 anni: «Il babbo mi rincorre dandomi calci nel sedere con la punta della scarpa. Mi chiudono in camera al buio e tolgono la chiave».
Thomas, 8 anni: «La mamma si arrabbia e chiama il papà, oppure mi mettono in camera al buio rinchiuso. Papà fa il parrucchiere e quando lo faccio arrabbiare mi costringe a portare il caffè alle clienti: io non voglio farlo perché preferisco andare fuori a giocare».
Stefania, 9 anni: «Mamma piange se io combino qualcosa di grave, poi si mostra seria, mi ignora, non mi risponde. Io questo non lo sopporto così le chiedo scusa. Certe volte parte lo sculaccione...».
Elisa, 9 anni: «Mi tolgono tablet e tv, mi disintegrano i giochi davanti ai miei occhi e li buttano via... mi è rimasta poca roba... la mettono nel sacco, la portano giù quando passa il camion della spazzatura».
Giorgio, 8 anni: «Mi tolgono tutta l'attrezzatura per andare con lo skate (polsiere, ginocchiere...)».

> Yuki, 9 anni: «Mi tolgono tv e tablet. Mia mamma una volta mi ha spezzato le matite. L'anno scorso mi voleva rompere la bambola preferita ma l'ho fermata chiedendo scusa».
> Yassin, 10 anni: «Mi chiedono i soldi dei miei risparmi a seconda della gravità della cosa, poi quando ne hanno racimolati un po' li usano per andare a cena fuori. Io non lo trovo giusto...».

Questi bambini vivono i comportamenti dei genitori con estrema naturalezza. Possono segnalare che non lo trovano giusto, come nel caso di Yassin, ma si tratta di un commento che non critica il comportamento genitoriale, percepito come normale e al quale non ci si può sottrarre.

Anche le testimonianze di alcuni bambini della classe terza di una scuola primaria confermano queste osservazioni:

> Damiano: «I miei genitori mi puniscono quando faccio il cattivo, mi danno le botte. Quando invece sono maleducato mi mettono in punizione: mi chiudono in camera e non mi fanno andare a scuola calcio».
> Giorgio: «Due anni fa stavo giocando a palla e ho rotto un vaso, mia mamma mi ha fatto restare in camera mia e non dovevo uscire. (Per trenta minuti)».
> Marta: «I miei genitori mi puniscono quando mi trucco troppo, per gioco, mi mandano in bagno a struccarmi e la sera dormo con la tv spenta. Poi mi puniscono quando io e mia sorella ci picchiamo, a lei la mettono faccia al muro e a me mi fanno ripetere tutti i compiti, mi fanno leggere delle pagine da un libro poi mi fanno fare il riassunto e mi danno dieci divisioni con la prova. Quando non voglio mangia-

re qualcosa i miei genitori non mi fanno andare a lezione di danza».
Michele: «Quando sto tanto tempo al tablet mamma me lo toglie e lo dà a mio fratello».
Adriana: «I miei genitori mi puniscono quando io e mio fratello Paolo ci bisticciamo. Nel pomeriggio lui gioca sempre con la PS4 e quando sbaglia a giocare lui se la prende con me e mia mamma o il mio papà mandano subito entrambi a fare i compiti. Poi quando scendiamo di casa per andare al centro commerciale e facciamo a gara per andare avanti in macchina papà ci punisce dandoci gli schiaffi».

Anche in questi casi la descrizione di quello che accade si ferma alla constatazione: in questo gruppo di testimonianze non compare nessuna espressione di contrarietà.

I piccoli raccontano motivi e tipologie delle punizioni che ricevono dai loro genitori, a volte, come abbiamo letto, anche un po' maneschi, come se si trattasse di qualsiasi altro episodio della loro vita quotidiana. Solo nel caso di Giorgio emerge un ricordo preciso, che evidentemente lo ha colpito in modo particolare, e che mette in luce quanto i bambini stessi siano i primi a trovarsi in difficoltà di fronte ai comportamenti dei genitori.

La faccenda delle punizioni può produrre situazioni anche piuttosto estreme.

Alcuni anni fa una coppia è venuta a parlarmi dei problemi con il figlio di 10 anni. Il padre, come spesso accade, era piuttosto silenzioso; la madre, viceversa, era un fiume in piena. Con tono lamentoso elencava le nefandezze che suo figlio commetteva ogni giorno, la fatica che faceva a sopportarlo, la tensione perenne che creava in casa, fino ad arrivare all'episodio dell'ennesima intemperanza che aveva convinto i due genitori a confrontarsi con me. La signora mi ha raccontato:

> In quel momento non ci ho visto più... Ero furibonda, ho preso la prima cosa che ho trovato sottomano e gliel'ho lanciata dietro: era il mestolo della cucina! Lui è scappato in camera sua, l'ho seguito e mi sono accorta che lo avevo colpito alla testa e gli usciva un sacco di sangue. Uno spavento! Lo avevo ferito! L'ho preso e portato subito al pronto soccorso, dove i medici hanno chiesto cosa fosse successo. Mio figlio, senza che ci fossimo detti niente, ha risposto che era caduto sbattendo contro il tavolo... Guardi, lo so che avrebbero potuto chiamare i servizi sociali, e ovviamente non volevo fargli male sul serio, però sono così stanca dei suoi modi e dei suoi comportamenti che forse avrebbe fatto meglio a dire chiaro e tondo che gli avevo dato il mestolo in testa. Non ce la faccio più!

Questa mamma è talmente convinta che il problema stia nel figlio, che avrebbe preferito sottoporsi all'esame delle autorità competenti, piuttosto che riconoscere che qualcosa non funziona nel suo approccio educativo.

L'episodio evidenzia quanto sia forte

> la tendenza dei bambini a proteggere i loro genitori: per tutta l'infanzia questo atteggiamento è una priorità.

Nasce dalla profonda adesione dei figli al mondo degli adulti di riferimento, dalla necessità di trovare nei genitori tutte le sicurezze di cui hanno bisogno. Accade quindi che

> nel momento in cui i genitori sono fragili, agitati, emotivamente instabili, sia il figlio a sopperire, a supportarli, a rendersi docile, disponibile, accomodante.

Una delle conseguenze di questa dinamica si ritrova nel comportamento della classica "brava bambina", quella che addirittura anticipa i desideri della madre, del padre, e si rende disponibile nei momenti critici: magari rinuncia al suo legittimo bisogno di gioco per badare al fratellino più piccolo; è ubbidiente, pronta a seguire i genitori al supermercato o in altre attività che normalmente i bambini non amano fare; è disposta ad adeguarsi alle loro esigenze.[1]

Il conformismo agli adulti di riferimento, i genitori per primi, emerge anche da svariate osservazioni del mondo infantile, persino rispetto a questioni meno problematiche: trovo sempre curioso, ad esempio, quanto sia raro che i figli maschi tifino squadre di calcio diverse da quelle dei padri.

I bambini non sono, non sono mai stati e non saranno mai in grado di segnalare ai genitori i loro sbagli. Può capitare che abbiano qualche tipo di reazione, specialmente quelli più grandi, ma spesso e volentieri questo, paradossalmente, rafforza i genitori nel loro incalzare di rimproveri, punizioni (a volte fisiche), quasi che le "proteste" siano interpretate come ulteriori capricci, elementi di disturbo, una sfida diretta nei loro confronti.

Quante volte ho ascoltato in consulenza genitori affermare: «Mi sfida... provoca continuamente!». In realtà l'unica sfida che un bambino vorrebbe vincere è quella di sentirsi adatto ai propri genitori. Essere riconosciuto positivamente è quello che gli interessa di più.

Lo spiega bene Maria Montessori nei suoi tanti testi magistrali. Quelli che riporto sono del 1923 e sembra quasi che i problemi di allora siano gli stessi di oggi. Molto è cambiato da quell'epoca, però certamente alcuni nodi restano difficili da sciogliere.

> Si è dunque constatato che l'educazione morale consiste soltanto nello sviluppo del carattere e che i difetti possono essere eliminati senza bisogno di predicozzi o punizioni, e neppure di buoni esempi da parte degli adulti. Non occorrono né minacce né promesse, ma favorevoli condizioni di vita. [...]
>
> Non è necessario che l'adulto sia un mentore o un esempio di buona condotta; è necessario ch'egli dia al bambino quelle possibilità di azione che finora gli sono state negate.[2]

E ancora:

> Di tutte le necessità del bambino si trascura la più umana: l'esigenza del suo spirito, della sua anima. L'essere umano che vive nel bambino ci resta nascosto. A noi sono palesi solo tutti gli sforzi e tutta l'energia che gli sono necessari per difendersi da noi: i pianti, le grida, i capricci, le timidezze, le disobbedienze, le bugie, l'egoismo, lo spirito di distruzione. Inoltre commettiamo l'errore anche più grave di considerare questi mezzi di difesa come se fossero i tratti essenziali del carattere infantile. Crediamo allora nostro stretto dovere il cercare di eliminarli con la massima severità, con una durezza che ci trascina talvolta fino alle punizioni corporali. Invece, queste reazioni del bambino sono spesso indizi di una malattia morale, spesso preludono ad una vera malattia nervosa, che farà sentire le sue conseguenze per tutto il resto della vita. Lo sappiamo tutti

che l'età dello sviluppo è la più importante di tutta la vita: una denutrizione morale, un'intossicazione dello spirito in quel tempo sono altrettanto fatali per l'uomo, quanto la denutrizione delle membra per la salute futura del corpo. Perciò l'educazione infantile è il problema più importante dell'umanità.[3] ”

> Non possiamo e non dobbiamo aspettarci che siano i bambini a dirci che stiamo sbagliando nella loro educazione.

In una certa misura, questo può succedere quando i figli sono adolescenti, perché è una fase evolutiva in cui le competenze cognitive e la tendenza ad allontanarsi dai genitori permettono una maggior capacità di guardare dall'esterno alle situazioni familiari; ma i bambini non sono in grado di fare un'operazione del genere.

Alberto Oliverio, psicobiologo e neuroscienziato di fama internazionale ci ricorda «la cosiddetta *amnesia infantile*: numerosi studi indicano che la maggior parte – se non tutti – i ricordi relativi ai primi due anni di vita sono perduti o inaccessibili in forma consapevole: i bambini, infatti, dimenticano molto più rapidamente i dettagli delle loro esperienze (anche se le utilizzano nell'ambito di nuovi apprendimenti). La tendenza a dimenticare velocemente le esperienze si estende fino ai 5-6 anni».[4]

I bambini non riescono a mettere in fila nella loro memoria tutto ciò che succede in maniera consapevole.

Il genitore emotivo che agisce sull'onda di quello che una determinata situazione provoca dentro di lui non è efficace. Occorre cercare, sul piano pratico-operativo, le mosse giuste da compiere. Ma questo può avvenire solo riconoscendo che i nostri figli dipendono da noi, che

non possono essere loro a segnalare
quello che funziona e quello che non funziona
del nostro comportamento:

dobbiamo imparare, nei limiti del possibile, a prendere le decisioni giuste e a organizzare una buona educazione.

EVITARE LE TRAPPOLE EMOTIVE

Non è facile rompere gli schemi educativi che il passato ci ha consegnato. Nonostante questa generazione di genitori abbia modificato tanti copioni arcaici e si sia assunta la responsabilità di cercare di liberarsi dei metodi più oppressivi nell'educazione dei figli, il passato bussa comunque alla porta dei comportamenti educativi. Avviene, in particolar modo, quando le emozioni prevalgono sull'organizzazione e ci si lascia trasportare dalle reazioni immediate che solitamente ci portano a fare la prima cosa che recuperiamo dall'archivio della nostra memoria personale.

Mi scrive Viola, mamma di 43 anni con una bambina di 15 mesi:

> Sono figlia di genitori che purtroppo non riuscivano a gestire la rabbia. Sono stati dei bravissimi genitori, ci hanno amato e ci amano tanto, ma erano inclini all'aggressività, per inesperienza e per il vissuto doloroso di entrambi. Bastava poco per subire punizioni, talvolta anche corporali, piuttosto pesanti.
> La mia unica sorella è diventata mamma giovane, a 27 anni, e seppure in forma minore, anche lei ha cresciuto i suoi figli con punizioni e spesso alzando le mani.
> Io ho paura della mia aggressività. Temo di non riuscire a gestirla e vorrei crescere mia figlia senza aggressività, senza

> sculacciate. Ricordo ancora la mia sensazione di umiliazione, di vulnerabilità e impotenza. E non voglio che la provi anche mia figlia; ma riscontro che spesso i bambini sono irruenti, prepotenti, fanno davvero perdere la pazienza. Allo stesso tempo temo di crescere una bambina viziata e ingestibile. Vorrei andare tranquillamente a casa dei parenti senza vedere la faccia dei padroni di casa esauriti dai capricci di mia figlia che pretende di aprire tutti i cassetti e tirar fuori qualsiasi cosa...

Avendo vissuto insieme alla sorella un'esperienza familiare particolarmente difficile subendo metodi coercitivi sistematici, questa mamma si trova spiazzata dall'educazione della figlia, preoccupata di ripetere quello che lei stessa ha affrontato. Ha vissuto un'esperienza che ricorda con sofferenza, ne avrebbe fatto volentieri a meno, ha sperimentato punizioni pesanti, che mortificano, fanno male. Il dolore non è tanto del corpo, ma proprio della psiche, è qualcosa che si ricorda e mina l'autostima, la fiducia in se stessi.

Purtroppo le vie attraverso cui si torna ai metodi educativi che non si vorrebbero più adottare sono infinite e agiscono su di noi senza che lo vogliamo. Anche Lucia, mamma di una bambina di 4 anni e di un maschio di 4 mesi, mi racconta:

> Ho letto il suo libro *Urlare non serve a nulla*, l'ho trovato interessante e in linea con quello che sta capitando a me e a mio marito in merito all'educazione dei nostri figli: cercando di allontanarci dai metodi dei nostri genitori stiamo finendo per commettere i loro stessi errori.
> Nonostante Francesca, di 4 anni, abbia preso molto bene la nascita del fratello, il suo comportamento è spesso esa-

> sperante e sculaccioni e urla non mancano. Mi riduco a ricattarla perché si comporti bene, ma non è assolutamente quello che voglio per lei. Mi riconosco nel genitore morbido che presuppone obbedienza in virtù della sua disponibilità.

Dal racconto di Lucia emerge il tema della riconoscenza, una trappola emotiva che riscontro spesso. Nel momento in cui il genitore cerca di fare in modo diverso da come i suoi genitori hanno fatto con lui, si mette cioè in un atteggiamento di ascolto, di disponibilità nei confronti del figlio o della figlia, a volte anche di servizievolezza, capita che "scatti" se ritiene che il figlio non recepisca adeguatamente l'atteggiamento positivo nei suoi confronti, lo sforzo che sta facendo, e non si comporti in maniera adeguata. È come se il genitore, intrappolato in questo vissuto emotivo, si sentisse offeso, toccato in un suo tasto dolente, e reagisse – in maniera anche drastica, violenta persino – di fronte al fatto che il figlio pare non accorgersi di quanta fatica faccia.

La situazione è paradossale. Cosa possono saperne bambini e ragazzi che la mamma ha avuto dei genitori che non l'ascoltavano mai? O che i genitori del padre sono stati sostanzialmente assenti e a volte anche maneschi? Non si può attribuire ai figli la colpa di non riconoscere uno sforzo di cui ignorano l'origine.

Non sempre i genitori sono in grado di sviluppare consapevolezze e di tentare di contrapporsi alla propria storia educativa. In alcuni casi riprodurre lo schema educativo che hanno vissuto da figli viene loro naturale, quasi fosse un automatismo.

Mi scrive Letizia, mamma di un bambino di 4 anni, alle prese con le rimostranze delle maestre della scuola dell'infanzia in merito ai comportamenti del figlio.

Mio figlio è un bambino molto vivace, le insegnanti lo hanno sempre detto, ma non si era mai verificato nessun problema particolare. All'inizio c'era stata una fase di assestamento... però poi tutto sembrava procedere per il meglio.
Da una settimana invece la situazione sembra diventata ingestibile: le maestre dicono che nonostante conosca le regole non le rispetta; che tende a "picchiare" gli altri bambini. Soprattutto la maestra del doposcuola non riesce a gestirlo, e lui non vuole più fermarsi il pomeriggio.
Mio figlio a casa è un bambino esuberante, ma se tenuto impegnato, responsabilizzato e, certo, a volte anche contenuto e sgridato, tutto sommato ubbidisce e fa quello che gli viene chiesto, ovviamente è anche un bambino fisico e ha bisogno di sfogarsi, correre eccetera.
Io ho cercato di parlargli facendogli capire che in classe sono tanti, che deve essere più mansueto e soprattutto che non deve picchiare i compagni, ma sembra che questo mio intervento non migliori le cose, anzi.
Le chiedo consiglio su come porre rimedio a questa situazione: la cosa che più mi sta a cuore non è tanto che lui non corra e stia fermo, ma che la smetta di alzare le mani sui compagni. È un comportamento che proprio non mi piace. Credo che questa cosa del picchiare l'abbia imparata dai cartoni, per quanto io cerchi di stare attenta a cosa guarda spesso ci sono scene violente... anche perché da me o mio marito più che qualche sculacciata ogni tanto non può avere imparato.

Sorprende la naturalezza con cui questa mamma esterna il suo utilizzo della sculacciata. Emerge alla fine del racconto, come se fosse scontato che se non si riesce a ottenere un comportamento adeguato utilizzando altri metodi sia ovvio ricorrere a quello.

La sculacciata, o comunque la punizione fisica, è oggi considerata l'ultima inevitabile opzione di fronte a un'escalation di capricci e rimostranze e dei conseguenti metodi di intervento che non sembrano funzionare, al punto che **anche il Papa** si è espresso a favore. Nel febbraio del 2015 durante un'udienza davanti a settemila persone, parlando del buon padre di famiglia le sue parole hanno preso una piega inaspettata:

> Un buon padre sa attendere e sa perdonare, dal profondo del cuore. Certo, sa anche correggere con fermezza: non è un padre debole, arrendevole, sentimentale. Il padre che sa correggere senza avvilire è lo stesso che sa proteggere senza risparmiarsi. Una volta ho sentito in una riunione di matrimonio un papà dire: «Io alcune volte devo picchiare un po' i figli... ma mai in faccia per non avvilirli». Che bello! Ha senso della dignità. Deve punire, lo fa in modo giusto, e va avanti.

Fu un episodio che fece discutere e io stesso mi trovai a commentare queste parole sottolineando che le affermazioni papali in ambito pedagogico non sono certo soggette all'infallibilità, non si trattava di esternazioni di natura teologica o religiosa.[5] Anche il Papa può fare delle esternazioni attingendo semplicemente alla propria esperienza, a un passato non così lontano, e finire per considerare innocente una modalità che colloca la sua pericolosità non tanto e non unicamente nel gesto in sé (la sculacciata, la sberla, lo strattonamento), ma proprio nel sistema in cui è collocata.

Il nocciolo del problema non riguarda infatti la tipologia, la quantità o la misura delle punizioni, ma il loro rappresentare una modalità di relazione con i figli.

> Il sistema educativo che legittima le punizioni utilizza uno stile mortificante, è l'espressione di una struttura di riferimento più profonda, poco attenta alle risorse dei bambini e dei ragazzi.

Non è tanto il gesto in sé, che può accadere (anzi sulla base della mia esperienza posso dire che è raro incontrare genitori che non vi abbiano mai fatto ricorso), ma è la legittimazione di questo gesto come strumento utile alla crescita dei figli. Quello su cui mi interessa focalizzare l'attenzione non è la fragilità, la debolezza emotiva dei genitori che possono condurre in determinate circostanze a farsi prendere la mano, quanto il volerlo avallare facendolo passare per "giusto", un necessario intervento di "raddrizzamento" della cattiva condotta dei propri figli. Questo è il retaggio del passato dal quale dobbiamo progressivamente liberarci.

Non è facile. Anche Giorgia mi scrive:

> Il mio bimbo ha 3 anni e, prima che diventi adolescente e prosegua a tirar fuori il peggio di me finché sarà troppo tardi, vorrei imparare a gestire bene le mie emozioni, la mia rabbia. A volte mi ritrovo a urlare con lui e a essere molto sprezzante, come è sempre stata mia madre con me. Situazione insopportabile. Cambiare e uscire da certi schemi è difficilissimo.

Questa testimonianza racchiude la preoccupazione di ritrovarsi inevitabilmente su un binario che non ci appartiene e che vorremmo cambiare: questa consapevolezza e questa volontà sono la base di partenza. Il compito dei genitori è di trasformare questo desiderio in organizzazione: saper riconoscere e gestire le trappole emotive e individuare le azioni più opportune per superare i momenti critici. Quanti genitori sono ancora convinti che sia possibile affrontare le problematiche con i figli sul piano puramente verbale, spiegando, argomentando, discutendo? Non funziona.

Federica, mamma di Annapaola, 8 anni

Purtroppo a volte mi succede di perdere la pazienza, di alzare la voce, di dare una sculacciata sul sedere. Mi sento in colpa per il mio atteggiamento e chiedo scusa ad Annapaola quando succede, però lei purtroppo ha il potere di esasperarmi.

Ci sono giorni che da quando si sveglia a quando va a letto è un continuo dire no o un continuo lagnarsi per qualsiasi cosa... non le va mai bene niente, dalle cose importanti a quelle più banali. Ad esempio: non vuole il gelato e io le lascio la possibilità di scegliere tra un gelato o una bibita. Ma lei piagnucola perché non sa decidere. Allora provo ad aiutarla a prendere la decisione e le chiedo se ha più sete o voglia di dolce... ma anche così non va bene! Spesso è scontrosa, di malumore. Cerco di parlare con lei per capire qual è il problema... ma alla fine non faccio nessun progresso.

Federica fa emergere l'inutilità di relazionarsi ai figli con un eccesso di disponibilità che conduce a infilarsi nel vortice del discussionismo. Si tratta di una modalità inefficace sul piano educativo, perché lascia uno spazio di decisione che viene vissuto dai bambini come una difficoltà del genitore a gestire la situazione.

> Il bambino, nella prima e nella seconda infanzia, percepisce queste continue richieste ("Vuoi questo? Vuoi quello?") come un'incapacità degli adulti di decidere per lui. Questo produce in loro molto stress e innesca atteggiamenti impropri.

Diversamente, l'adolescente, e gradualmente anche il preadolescente, richiedono il coinvolgimento e la negoziazione nelle decisioni che li riguardano. Ogni età è diversa e occorre utilizzare un approccio differente. Me ne occuperò nei prossimi capitoli, quelli maggiormente dedicati alle strategie e agli approcci operativi.

Concludo con l'ultima testimonianza di un padre, Andrea, con un figlio di 3 anni e mezzo e un altro appena nato.

> Fin da piccolo Lorenzo è sempre stato un bambino tosto, impegnativo. Noi gli dedichiamo molte attenzioni, soprattutto da quando è nato il fratellino, ma negli ultimi tempi manifesta atteggiamenti ansiosi, legati alla scuola, che sfociano in vere e proprie crisi di pianto, quasi isteriche, dalle quali è molto difficile farlo rinsavire se non cedendo alle sue richieste.
>
> Il problema di queste crisi non è il pianto ma la rabbia che scatenano: non solo verbale ma anche fisica, con botte, morsi, sia a me sia alla mamma. Ad esempio: non vuole abbottonarsi il grembiule, se qualcuno ci prova scatta la crisi. Oppure: prepara la merenda la sera prima, e alcune mattine si sveglia presto piangendo perché vuole cambiarla; a volte si rifiuta di chiudere lo zaino. Forse vive un disagio a scuola e lo ributta a casa in questo modo.
>
> La domanda è: a questa rabbia e a queste crisi come pos-

> siamo rispondere? Le abbiamo provate tutte: se lo soddisfiamo, alza il tiro; se lo conteniamo con affetto e tenerezza, la smette, ma solo dopo molto tempo... A volte si scatena, inevitabile, la nostra collera e parte uno sculaccione... ma siamo convinti che sia sbagliato rispondere alla rabbia con la rabbia.

Occorre trasformare questa convinzione in nuovi metodi, nuove procedure educative. Anzitutto sgomberare il campo dall'equivoco che dare le regole rappresenti per i figli l'equivalente del subire un castigo.

NON CONFONDERE LE PUNIZIONI CON LE REGOLE

Qualche anno fa, durante una conferenza serale in una cittadina del Nord Italia, percependo un po' di stanchezza nell'uditorio mi venne l'idea di proporre un piccolo sondaggio: «Secondo voi la sgridata è una regola o una punizione?». Ritenevo che la domanda avesse una risposta piuttosto scontata e il mio obiettivo era di utilizzarla semplicemente come pretesto per poter sollecitare l'attenzione dei presenti. Ebbi una sorpresa. Nonostante tra il pubblico ci fossero assessori, politici, insegnanti, la platea si divise esattamente in due parti: una metà sosteneva che la sgridata fosse una regola, l'altra che invece fosse una punizione. Ricordo di aver provato una sensazione a metà strada tra lo sbigottito e l'imbarazzato nel rendermi conto che effettivamente la confusione era tanta: in che senso la sgridata può essere considerata una regola?

Ora accade un po' meno di frequente ma qualche anno fa mi capitava di chiedere ai genitori: «Quali sono le vostre regole familiari?» e di sentirmi spesso rispondere: «Tranquillo dottore, li sgridiamo tanto».

Penso che in questo "sgridare tanto" si collochi uno dei numerosi equivoci che rendono difficile per i genitori stabilire regole educative ben organizzate. Le buone procedure sono garantite solo se l'elemento emotivo non domina completamente la scena.

Riporto alcuni esempi di come accade anche che le regole educative siano considerate alla stregua di punizioni.

Giovanna, mamma di Valentina, 15 anni

Quest'anno non ha davvero combinato niente! Non si è affatto impegnata, non ha studiato nulla per tutto l'anno scolastico e alla fine l'hanno bocciata. Ma stavolta non la passa liscia: l'ho punita. Ogni mattina dovrà rifarsi il letto e da adesso in poi dovrà tenere assolutamente in ordine la sua camera.

> È piuttosto curioso che un compito di convivenza come tenere in ordine la propria stanza e rifarsi il letto sia utilizzato come punizione.

Educare al rispetto dell'ambiente domestico è piuttosto una regola del vivere insieme, che a partire da una certa età, e via via con sempre maggiore collaborazione, deve considerarsi un apprendimento finalizzato all'acquisizione di responsabilità e autonomia. Difficile comprendere come possa essere considerato un castigo per lo scarso impegno scolastico.

Ai nostri giorni invece la confusione maggiore tra regola e punizione è legata all'utilizzo della tecnologia.

Teniamo conto che il consumo tecnologico digitale e televisivo è enorme, in tutte le fasce d'età.

> Io sostengo da anni che debba assolutamente
> essere ridotto, pena il ritrovarsi bambini videodipendenti
> e adolescenti avulsi dalla realtà
> ma con mille e più contatti al giorno sui social.

L'esasperazione con cui moltissimi genitori mi parlano dell'intromissione di tablet, smartphone e similari nella vita familiare quotidiana dovrebbe portare a

> regolare questo tipo di riduzione,
> piuttosto che a usarla come punizione.

Non dovrebbe essere la norma che un bambino guardi la televisione circa mezz'ora al giorno e che il tablet non sia considerato uno strumento di gioco ma, eventualmente, di conoscenza? Non dovrebbe essere normale che gli adolescenti vadano a dormire o studino senza lo smartphone in mano, circondati da decine di display accesi?

Eppure figli e genitori confermano che la punizione principale utilizzata da padri e madri italiani, e non solo, prevede la riduzione dei videoschermi, creando così un lapalissiano malinteso tra quella che dovrebbe essere la norma, e quella che poi risulta un'eccezione, trasformata in castigo.

Raccolgo diverse testimonianze di situazioni in cui le regole sono così poco chiare che il confine tra rispetto e trasgressione è labilissimo, complicato da stabilire per il genitore stesso, figurarsi da osservare per i figli. Questo doppio punto di vista familiare sulla regola imposta da una mamma, rende bene la confusione quotidiana in cui si dibattono molti genitori.

Emanuele, 16 anni

Io non ho fatto niente... cioè sì, qualcosa ho fatto, ma per forza! Sono andato su WhatsApp in un orario in cui la mamma non vuole. Ma non potevo non rispondere! È la chat dei miei compagni, come facevo a non scriverci?!

La mamma di Emanuele

Abbiamo deciso che il telefono di Emanuele va spento alle 8 di sera. Non ci sono scuse. Ma lui l'altro giorno lo ha usato lo stesso: ha risposto sulla chat perché aveva litigato con un compagno. L'ho scoperto e mi sono infuriata, proibendogli di usarlo per un mese. In effetti il telefono gli serve per restare in contatto con i suoi compagni e adesso non so cosa fare, la mia paura è che gli altri lo isolino. Se gli tolgo la punizione, perderò credibilità ai suoi occhi. Se non lo faccio, finisce che andrà male anche a scuola...
Il fatto è che se mi fa arrabbiare non riesco a trattenermi e gli do subito un castigo!

In questo caso il pasticcio è notevole. Dove inizia la regola? Dove finisce la trasgressione?

Il problema è all'origine, in una regola che non ha sufficiente sostenibilità e chiarezza e che porta il genitore a rimbalzare dall'autorità all'emotività: arrabbiatura e reazione conseguente.

Indubbiamente gli adolescenti sono molto bravi a creare situazioni contorte, ma proprio per questo la gestione organizzativa dei ragazzi in questa fascia d'età è l'antidoto più efficace per impedire che la relazione educativa si trasformi in una continua schermaglia, in un'arena di rabbie speculari. Una gestione organizzativa che non esclude la figura del padre, quando presente, e che permette agli adolescenti di avere sempre un margine di negoziazione.

Chiara, mamma di Irene, 10 anni, descrive un'altra situazione confusiva interessante e piuttosto diffusa. Appare allarmata dai comportamenti della figlia. Ripete spesso: «Faccio fatica, faccio fatica... facciamo fatica...», anche se ritiene la figura paterna non particolarmente affidabile. Le chiedo di farmi degli esempi; mi risponde: «Vuole trasgredire le regole! Non c'è niente da fare, vuole disubbidire, e io devo sapere come reagire quando la bambina si comporta così». Insisto cercando di entrare nel merito e finalmente mi racconta:

> Irene sa che durante l'estate deve fare i compiti il mattino dalle 9 alle 11, e poi è libera di giocare tutto il giorno. E puntualmente cosa succede? Viene e mi chiede: «Mamma, oggi non voglio fare i compiti, voglio andare a giocare... posso?». Guardi, mi fa imbestialire, non capisco perché voglia sempre trasgredire!

In questo caso la bambina chiede espressamente alla mamma il permesso di bypassare una regola e la mamma vive questa richiesta come una trasgressione. È una situazione paradossale perché Irene non ha intenzione di disubbidire, non va a giocare senza dirle niente, anzi si rivolge alla madre per avere il suo consenso. È una bambina molto attenta alle norme stabilite dai genitori, eppure la madre la percepisce all'opposto.

Non è una situazione così infrequente. Quanti genitori si lamentano: «Mi chiede di accendere la tv durante la cena; chiede di giocare prima di dormire; domanda il tablet prima di andare a scuola». In questi casi invito a fare attenzione: si tratta di richieste, i bambini che le fanno sono consapevoli che a decidere è il genitore, e finché chiedono il permesso, il controllo educativo è garantito. Sono forme di adesione all'autorità genitoriale, tipiche anche degli adolescenti.

Il ragazzo o la ragazza che dopo tre giorni dalla paghetta non ha più soldi, chiede, e il suo non è un tentativo di evadere la regola. È piuttosto compito del genitore retroagire in maniera educativa, assumersi una responsabilità, e impedire che simili circostanze si trasformino in un sistema tirannico consolidato.

Il genitore che vuole essere efficace deve fare grande attenzione a

non confondere le regole con le punizioni e la richiesta con la trasgressione.

Nel capitolo 9 vedremo come impostare regole educative sostenibili, chiare e funzionali alle problematiche che ci troviamo a sperimentare con i nostri figli.

3

L'EDUCAZIONE NEL PASSATO: RADDRIZZARE IL LEGNO STORTO

Il carabiniere, senza punto smoversi, lo acciuffò pulitamente per il naso
e lo riconsegnò nelle proprie mani di Geppetto; il quale,
a titolo di correzione, voleva dargli subito una buona tiratina d'orecchi.
Ma figuratevi come rimase quando, nel cercargli gli orecchi,
non gli riuscì di poterli trovare: e sapete perché?
Perché nella furia di scolpirlo, si era dimenticato di farglieli.
Allora lo prese per la collottola e, mentre lo riconduceva indietro,
gli disse tentennando minacciosamente il capo: «Andiamo a casa.
Quando saremo a casa, non dubitare che faremo i nostri conti».
C. COLLODI, *Pinocchio*

NON RIPETERE GLI ERRORI DEL PASSATO

Giudicare il passato e farne processi più o meno sommari, non preserva dal ripetere gli errori già commessi, specialmente se riguardano l'educazione che abbiamo ricevuto.

Meglio mettersi in una prospettiva di apprendimento, imparare più che giudicare.

Per un vero cambiamento bisogna conoscere e prendere le distanze dal passato, ma di per sé questo non è sufficiente, occorre anche apprendere alcune modalità alternative, altrimenti è molto facile, addirittura quasi istintivo, ripiegare sugli strumenti e sulle pratiche che ci sono state consegnate.

La maggior parte delle volte si tratta di pure e semplici trappole di carattere emotivo, che non rientrano in alcuna logica di organizzazione educativa e che spesso, alla prova dei fatti, si rivelano del tutto inefficaci.

> Sono sistemi che hanno fatto male
> nel passato, e ne fanno ancora.

Una volta era diverso. Quasi tutta la società seguiva una certa impostazione per cui i bambini erano "selvaggi" da domare, e la coercizione punitiva era una necessità più che un errore. Era una visione negativa dell'infanzia, che considerava i bambini degli esseri inferiori, o comunque non ancora completi, da trasformare in adulti facendo sentire il peso della propria autorità in modo forte, duro e rigido, senza cedimenti. Chi non utilizzava questo approccio era considerato debole, incapace di educare.

Fino a non molti decenni fa, a parte alcune rare eccezioni, la cultura generale era dominata dall'idea che i bambini fossero sostanzialmente un peso: in alcuni dialetti, ad esempio, il termine che si utilizza per indicare il bambino è *bagài* che letteralmente significa "bagaglio". Nel secolo scorso qualcosa è cominciato a cambiare: il grande movimento nato dal lavoro di Maria Montessori, la corrente per la riforma della scuola che si sviluppò da Célestin Freinet, l'associazionismo in difesa dei diritti dei bambini hanno messo in moto quella trasformazione da cui siamo attraversati oggi. Ma a parte queste nicchie di pensiero, i bambini in genere erano considerati fastidi necessari.

> I metodi educativi più diffusi prevedevano
> obbedienza, disciplina e tutto quello che
> era ritenuto necessario per ottenerle;

in pochi si dedicavano a individuare alternative a queste modalità. I bisogni e i diritti delle nuove generazioni non erano una priorità: basti pensare che la *Dichiarazione di Ginevra dei diritti del fanciullo* fu redatta nel 1924 dalla Società delle Nazioni, ma approvata dall'ONU solo nel 1959. Nel 1989 diventa la *Convenzione internazionale sui diritti dell'infanzia* che comunque, ancora oggi, non è un documento del tutto vincolante per i singoli Stati.

Anche i miei ricordi, dei primi anni Sessanta, confermano questa impostazione. Ho recentemente recuperato una mia foto, la classica foto di classe della prima elementare.

In piena fronte

Siamo nel 1964 e la fotografia ritrae un gruppo di bambini in posa (all'epoca le classi erano ancora rigidamente suddivise in maschili e femminili). Più o meno tutti portano il fiocco: quelli che non lo avevano erano tendenzialmente i più monelli o quelli che non avevano i soldi per acquistarlo. Dell'immagine colpisce un particolare: un cerotto, bello grande, collocato sulla fronte molto spaziosa del mio compagno Leonardo, un bambino simpatico con un grosso testone.

Cosa era successo al povero Leonardo? Ricordo che la nostra maestra era una donna piuttosto nervosa, non certo un esempio di pazienza, e disponeva, nel suo armamentario didattico, anche di alcune armi improprie, tra cui un righellone di legno di quasi un metro, che ogni tanto era utilizzato per tentare di colpire chi si comportava male. Eravamo una classe di bambini piuttosto irrequieti e uno dei più tremendi era Torri, che appare in prima fila con quella sua faccia spavalda. La maestra non lo sopportava e questo lo rendeva spesso il bersaglio prediletto della riga di legno. Solo che, come spesso capita con i bambini più discoli, le sue capacità fisiche erano notevoli: durante un tentativo di "punizione educativa", era riuscito a evitare il colpo abbassando la testa e disgraziatamente era finita sulla fronte del più defilato Leonardo.

Ciascuno di noi, frugando nei propri ricordi o in quelli familiari, può facilmente recuperare notizie di eventi simili: ancora trent'anni fa a scuola, in oratorio, in famiglia, l'intervento educativo di un adulto utilizzava qualsiasi mezzo per ribadire la necessità di obbedire a regole e comandi.

Un libro, pubblicato per la prima volta nel 1975, ha contribuito a bucare l'immaginario dell'opinione pubblica italiana e mondiale (è stato tradotto in ben quaranta lingue), descrivendo una realtà che non ci si aspettava fosse ancora presente, come se procedure educative così violente fossero relegate a un passato ormai remoto: *Padre padrone*,[1] il romanzo autobiografico di Gavino Ledda, ha rotto definitivamente il muro di silenzio sulle pratiche educative arcaiche e brutali di cui tutti erano a conoscenza ma che non si osava denunciare più di tanto. *Padre padrone*, che racconta l'educazione ricevuta in Sardegna da un bambino, costretto dal padre ad abbandonare la scuola e a dedicarsi alla pastorizia, ha concorso, in quegli anni, alla delegittimazione dei metodi educativi coercitivi, ponendosi in linea con il processo che, negli anni Settanta e Ottanta, chiedeva maggiore attenzione e rispetto verso l'infanzia.

> I bambini vivaci, o anche solo poco ubbidienti, erano tenuti a bada principalmente con minacce o punizioni fisiche, a volte anche piuttosto pesanti.

I più angariati erano i maschi, come se il maschio, per sua natura, fosse più predisposto alla trasgressione, al dare fastidio, al comportarsi male.

Nei confronti delle bambine c'era maggiore tolleranza, anche perché di solito erano più obbedienti e maggiormente spinte ad assecondare le aspettative degli adulti. Ciò non toglie che i grandi si arrabbiassero anche con loro. Una bambina che aveva fatto il possibile per rendersi compiacente e assecondare le richieste del padre, della madre o della maestra, restava sconvolta di fronte agli atteggiamenti, tanto vessatori quanto improvvisi, degli adulti.

Il racconto di Enza, che riporta un episodio risalente ai primi anni Settanta, esprime molto bene questo senso di umiliazione ed estraneità.

La tabellina del 7

Frequentavo la quarta elementare e quel giorno la maestra aveva deciso di fare un'interrogazione generale sulla tabellina del 7. Io non avevo studiato, quindi non la sapevo, e ricordo bene di aver pensato che il brutto voto me lo meritavo. L'insufficienza richiedeva la firma dei genitori ed ero consapevole che mi sarebbe toccato un castigo.

Al momento di darmi il voto, però, la maestra, invece di prendermi il diario e compilare la nota che avrei dovuto mostrare ai miei, uscì improvvisamente dalla classe. Al rientro sentenziò: «Dato che sei così ignorante da non sapere ancora la tabellina del 7, non puoi stare in questa classe, devi tornare in seconda».

La mia insegnante era amica di una maestra di seconda elementare, che pochi anni prima era stata l'insegnante di mia sorella maggiore: conosceva abbastanza bene la mia famiglia e i miei genitori nutrivano una profonda stima nei suoi confronti. Evidentemente la mia maestra era andata a chiederle manforte e, col senno di poi, credo quasi che lei si sia accanita contro di me proprio per la conoscenza che aveva della mia famiglia.

Fatto sta che fui mandata in seconda elementare: mi sentivo umiliata, mi vergognavo sia verso i miei compagni sia verso i bambini più piccoli, però ricordo che accettai la punizione esemplare senza fiatare.

Ma non era finita lì.

Arrivata in seconda, l'insegnante mi presentò come quella non degna di stare in quarta e cominciò a interrogare me e la classe sulle tabelline. Quale per essere precisi? Ovviamente quella del 7! All'inizio, nella mia ingenuità, pensai che fosse un caso. Poi però ricordo che mi sentii così male da rendermi conto che non aveva alcun senso punire più volte per lo stesso "reato" senza offrire al condannato la possibilità di redimersi studiando!

Alla fine quella punizione comunque ha ottenuto un obiettivo: ho evitato per tutta la vita di studiare la tabellina del 7.

Questo ricordo ci dà la possibilità di cogliere la profonda differenza che intercorre tra la percezione adulta e quella infantile. Le punizioni finiscono per incunearsi in modo imprevedibile nella mente infantile e, anche se guidate dalle più buone intenzioni, si scontrano con la naturale immaturità dei bambini producendo effetti non presagibili e sfavorevoli.

> Il bambino non riesce a cogliere il senso
> delle conseguenze delle proprie azioni.
> L'idea di giustizia infantile è completamente
> diversa da quella adulta.

NON SI TRATTA DI GIUDICARE CHI CI HA PRECEDUTI, MA DI LIBERARCI DEI LORO ERRORI

Ho chiesto a diversi amici, colleghi, collaboratori e allievi di scrivermi qualche testimonianza sulle punizioni che avevano subito durante la loro crescita, da piccoli o ragazzi.

Un'amica e psicologa, Alessia, racconta della sua famiglia, di sua madre in particolare. La famiglia di Alessia è benestante, acculturata, legge libri di pedagogia relativamente innovativi e imposta le punizioni in un senso estremamente psicologico, utilizzando modalità vessatorie che si giocano soprattutto su un registro relazionale.

Alessia, 52 anni oggi, ricorda:

> Mia madre leggeva il dott. Spock e Bettelheim, ma incredibilmente poi con noi era durissima, come i suoi genitori erano stati con lei. Ricordo un episodio in particolare, eravamo a tavola.
>
> «Bisogna mangiare tutto quello che si ha nel piatto» ripete. Tra le lacrime cerco di inghiottire i pezzi di carne ormai gelida e dura, ma il ribrezzo è troppo. Tengo la bocca chiusa, con dentro un pezzo nauseante che sto masticando da un'ora.
>
> Era già capitato altre volte che mi rifiutassi di mangiare, ma me l'ero "cavata" con uno schiaffo oppure con una punizione, in piedi nell'angolino con la faccia contro il muro. Questa volta invece non me la lascia passare. Mi guarda con fredda estraneità, toglie il piatto e mi dice che non avrò altro cibo finché non avrò mangiato quella carne.
>
> Per tutto il pomeriggio non mi guarda: è arrabbiata, e io ho paura.
>
> La sera, ecco che arriva in tavola il piatto di carne avan-

zata. Mi rifiuto di toccarlo. Lei, neanche una parola. Vado a letto infelice e sola.

La mattina dopo, a colazione, trovo ad attendermi ancora la carne del giorno prima.

Ricomincio a piangere. Lei si impietosisce: «Te la scaldo un po', ne mangi un solo boccone e poi puoi avere il latte con l'Ovomaltina» (e cinque cucchiai di zucchero, del quale evidentemente facevo già un uso affettivo).

Cedo per sfinimento, non per avere il latte, ma per riavere l'amore della mamma. La carne è oscena, ma io mi dissocio, non sento niente, ingoio.

Eppure mia madre era, ed è, meravigliosa, in altri momenti: io comunque, da grande, ho sofferto di disturbi alimentari.

Un altro episodio: mi sono rifiutata di andare all'asilo, contorcendomi davanti all'ingresso delle suore perché troppo eccitata al pensiero del pranzo dai nonni con tutti i cugini che ci sarebbe stato poche ore dopo.

Lei ha insistito un po', poi ha ceduto: «Okay, non andare all'asilo, ma al pranzo dai nonni non ti porto». Non oserà mai farmi questo, ho pensato. Ha osato. Le mie sorelle ci sono andate e si sono divertite un sacco. Io sono rimasta con la cameriera e ho pianto per ventiquattr'ore. Non ho imparato niente, però, anzi la situazione si è ripetuta in altre occasioni.

Poi sono cresciuta, ho studiato psicologia, ho appreso che la punizione è inefficace per cui con i miei figli non l'ho mai usata. Ma in mancanza di alternative educative, spesso loro ne hanno approfittato travolgendo me e loro stessi con capricci devastanti. Allora ho provato a punire un po', ad esempio nascondendo i joystick della PlayStation o con le minacce, o cercando di mostrarmi offesa... ma non funzionava comunque, e poi io cedevo subito.

È illuminante la capacità di Alessia di cogliere i comportamenti materni ed evitare di riproporli; cercando di non ripetere e di scardinare quei copioni che provengono da lontano. Riconoscere gli errori dell'educazione che abbiamo ricevuto è il punto di partenza, altrimenti il nostro passato resta sospeso, indeterminato, magari anche edulcorato.

Sono sempre stato convinto che chi lavora in ambito educativo, ma lo stesso vale anche per un genitore, sia chiamato a occuparsi in primo luogo della propria storia educativa.

> Dovrebbe essere reso obbligatorio per gli insegnanti, specialmente quelli che hanno a che fare con i bambini piccoli, esaminare quello che ci è stato consegnato con l'obiettivo di tenere ciò che c'è di buono e valido e affrancarsi da quello che non ha senso e che appartiene a un capitolo da chiudere definitivamente.

Non è in discussione l'affetto, l'amore verso i genitori, ma la nostra capacità di distinguere il significato e il valore pedagogico di quello che ci è stato proposto durante l'infanzia o l'adolescenza.

La nostra storia educativa: è questo il libro più importante da studiare se vogliamo diventare genitori ben organizzati. È qualcosa che abbiamo assorbito nella nostra pelle, che si è incuneato nei nostri comportamenti, mai nessuna teoria potrà liberarci dalla necessità di fare i conti con il nostro passato, di assumerci la responsabilità di quello che ci è successo per evitare di proiettarlo in maniera spesso paranoica sui bambini e i ragazzi di cui siamo chiamati a occuparci, siano essi figli o individui di cui abbiamo una responsabilità educativa.

Non potrà essere una teoria a trasformarci. Molti studiosi, scienziati o uomini geniali che con le loro idee hanno contribuito all'evoluzione della società umana in ambito educativo e formativo, hanno dimostrato come non sia facile venire a capo delle proiezioni infauste che provengono dall'infanzia. Penso a Sibylle Lacan,[2] figlia legittima del celebre psicanalista Jacques, abbandonata dal padre fin da piccola e che con lui ebbe un rapporto molto complesso e doloroso; allo psicanalista austriaco Bruno Bettelheim, che litigò a lungo con i figli dai quali fu sostanzialmente lasciato solo; ad alcuni dei figli di Gandhi, in particolare il primogenito, che fu ripudiato dal padre, con cui mantenne rapporti burrascosi per tutta la vita. Queste e tante altre storie di figli di grandi psicologi, pedagogisti, educatori che si sono occupati dell'età evolutiva mettono in luce le contraddizioni tra teoria e pratica educativa e ci ricordano che chi vuole cercare di fare un passo avanti nella storia dell'umanità ha il compito di lavorare innanzitutto su se stesso.

Trovo interessanti, da questo punto di vista, i racconti di due giovani educatrici che provano a porsi alla giusta distanza dall'educazione ricevuta, ricordando con lucidità e onestà quello che avveniva durante le punizioni.

Monica, 44 anni

Le punizioni erano appannaggio di mia madre, anche perché mio padre in casa c'era poco, e comunque era molto più tollerante.

La mamma mi picchiava col battipanni, per qualsiasi motivo: dal non aver messo a posto la camera, a problemi relativi alla scuola, o per risposte, a suo giudizio, maleducate. A dire il vero i motivi non li ricordo, ma ricordo molto bene sia la forma sia il colore del battipanni, di legno intrecciato color faggio. E ricordo il male che faceva e i segni che rimanevano se ero a gambe nude.

L'altra forma punitiva, che seguiva quella corporale, era il divieto di poter scendere in cortile a giocare, anche per un'intera settimana.

Noi abitavamo in un grande condominio e c'era un cortile enorme, dove si poteva giocare all'elastico, a pallamano, a guardia e ladri, a nascondino e andare in bici. Eravamo tanti bambini e tutti i giorni ci ritrovavamo lì.

Bastava un nonnulla e rimanevo priva di quell'opportunità per parecchio tempo.

Carlotta, 30 anni

Ciò che ricordo maggiormente sono le gran sgridate, le urla, le sfuriate e i moti di irrequietezza di mia madre. Lei usava parecchio gli schiaffi.

Da parte di mio padre, invece, ricordo calci nel sedere e la segregazione nella cameretta: «Non mi hai obbedito? Allora ti chiudo a chiave in camera e ti vengo ad aprire quando decido io».

Entrambi usavano la tattica del "hai tradito la mia fiducia, mi fidavo di te e mi hai disobbedito..." per accendere il mio senso di colpa.

L'atteggiamento punitivo di mio padre scattava quando non obbedivo ai suoi ordini e lui passava dall'impassibilità a quanto descritto sopra. Mia madre, invece, era già piuttosto "elettrica" di suo, sempre pronta a scattare.

Papà preferiva sbrigare le questioni punitive tra le mura

domestiche, per la mamma, invece, sgridate e schiaffi potevano essere inferti anche fuori di casa.

Dalla testimonianza di Carlotta, come da quella di Alessia, emerge l'elemento psicologico: la coercizione come strumento per provocare sensi di colpa. Agisce profondamente nel vissuto dei bambini. La pervasività di questi sistemi punitivi, psicologici e fisici, è davvero tragica e può provocare conseguenze anche molto significative. Fa onore a queste due donne l'essere riuscite a tirare fuori i loro ricordi, a parlarne e scriverne con chiarezza e sincerità.

Anch'io ho un ricordo analogo. Mio padre era il classico padre di una volta, piuttosto lontano, al punto che qualche volta mi capita di pensare di avergli parlato tre, massimo quattro volte in tutta la mia vita. Mia madre viceversa era una donna abbastanza loquace, per non dire logorroica, capace di inculcarmi profondi sensi di colpa.

Vado a confessare i tuoi peccati

Da piccolo provavo molto forte il senso religioso dell'incombenza divina nei termini di colpa e conseguente punizione. Probabilmente, in parte, questo sentimento era legato alla frequentazione dei sacerdoti salesiani: la pedagogia di Don Bosco è molto attenta ai bisogni infantili, specie di gioco, ma presenta una zona d'ombra rispetto al tema della punizione. Oggi non è più così, ma un tempo la tendenza era quella di spaventare i bambini con visioni dell'inferno, del purgatorio e di ogni sorta di crudeltà ultraterrene.

Ricordo che per questo motivo ero sempre sul "chi vive". Mi confessavo abbastanza spesso, in genere per disobbedienze, ribellioni e varie mancanze di rispetto verso mia madre e mio padre. Si trattava in realtà di questioni innocenti, che oggi farebbero semplicemente sorridere, ma che a me creavano molti sensi di colpa di cui poi ritenevo giusto sgravarmi nel chiuso del confessionale.

Le tensioni con mia madre erano frequenti. Non conservo memoria di particolari punizioni da parte sua, se non sotto forma di minacce e ricatti che su di me avevano un effetto terrificante. Mi diceva: «Quando vado a confessarmi dirò al prete cosa fai a tua mamma, come ci fai tribolare».

Ero braccato: oltre a dover io stesso confessare le mie nefandezze, l'avrebbe fatto anche mia madre. Oggi non posso che ricordare sorridendo quelle modalità che mi riportano al suo carattere istrionico, incalzante, enfatico e logorroico. Una madre letteralmente senza misura che, nel volermi bene, non badava di certo alla correttezza dei metodi pedagogici.

Ma le punizioni non riguardavano solo i bambini: preadolescenti e adolescenti ne sperimentavano di vario tipo. Un capitolo particolarmente spinoso riguardava il controllo dei genitori sulla sessualità dei figli, in particolar modo dei padri sulle figlie femmine. Se infatti il padre, ancora quarant'anni fa, tendeva a restare più latente e in ombra durante l'infanzia, capitava spesso che, durante l'adolescenza, si sentisse più direttamente chiamato in causa, specialmente nella fase dei primi approcci e invaghimenti nei confronti dell'universo maschile.

Si tratta di un elemento evolutivo piuttosto critico, perché sappiamo quanto sia importante per la femminilità lo sguardo benevolo del padre che sottrae la figlia all'accudimento della madre e la accompagna al "ballo delle debuttanti", nel suo esordio in società non più come bambina ma come giovane donna, matura dal punto di vista affettivo e fisiologico-sessuale.

Giustamente Dacia Maraini racconta come questo debba fare pendant con una madre che consenta alla figlia di liberare la sua femminilità:

> Forse c'è stato un momento: io avevo 17, 18 anni. Lei era ancora giovane e bellissima, e aveva dei corteggiatori, degli innamorati, che le stavano molto appresso... Forse io ho un po' sofferto. Ma lei è stata molto attenta: anche perché si ricordava di sua madre, che non le faceva mettere il reggipetto e la vestiva da bambina anche a 16 anni perché non la voleva rivale...[3]

I due racconti che seguono presentano due posizioni agli antipodi, ma in entrambi il padre, invece che uno sguardo benevolo, ripropone una posizione arcaica e repressiva.

Fernanda, 60 anni

Avevo 11 anni e frequentavo la prima media, una classe femminile, come si usava all'epoca.

Nella terza maschile c'era un ragazzino che mi piaceva e a cui piacevo, ma tutto questo ce lo dicevamo con gli occhi, all'ora di ricreazione, io da una parte del grande salone, lui dall'altra.

A un certo punto il ragazzino, con l'aiuto di alcune mie compagne, mi fece avere dei bigliettini in cui mi dichiarava i suoi sentimenti. Non ricordo di avergli risposto, ma lui sapeva di essere ricambiato, sia per i miei sguardi sia perché probabilmente le mie compagne lo avevano rassicurato.

Un giorno la professoressa di italiano intercettò uno dei

nostri bigliettini e chiamò mia madre per informarla del carteggio. Lei lo riferì a mio padre. Fu il finimondo.

Mio padre, gelido, mi disse: «Ti sei fidanzata e non ci hai detto nulla!». Io ero terrorizzata all'idea di un fidanzamento, piansi tutte le mie lacrime ma non bastò: i miei decisero che non avrei potuto più frequentare le compagne "messaggere", una punizione che mi addolorò tanto e che dovetti subire senza possibilità di appello!

Liliana, 55 anni

Ho 14 anni, sono in giardino con un'amica, stiamo parlando del più e del meno, sedute sull'altalena. Passa un'Autobianchi A112 e ci alziamo di scatto entrambe perché conosciamo l'autista, un bellissimo ragazzo di quinta superiore. Entrambe siamo infatuate di lui ma ovviamente non ci vede nemmeno.

La macchina si ferma, lui abbassa il finestrino e mi chiama per nome. Mi avvicino al cancello e mi dice che mi deve consegnare il libro di chimica per Marco, suo compagno di classe che abita vicino a me ma che in quel momento non è a casa.

Esco dal cancello e mi siedo in auto, lui mi dà il libro, mi ringrazia moltissimo per il favore e io esco dalla macchina. Rientro in giardino, chiudo il cancello e mi si para davanti mio padre che mi rifila un manrovescio da staccarmi la testa.

Lo guardo attonita, tento di chiedergli perché, ma lui mi volta le spalle.

La guancia mi brucia, ma ancor più mi brucia non capire assolutamente il motivo di quella sberla. La sera a cena non mi rivolge la parola, io cerco di chiedere ragione del suo comportamento e lui mi fredda: «Dovresti ben saperlo». La notte non dormo, sto male, mi vergogno del livido sotto l'occhio di cui non so neanche la ragione.

Mio padre non mi parla per tre giorni. Il quarto lo affronto di petto, mi metto a piangere, voglio capire perché mi ha colpito. Lui nicchia, continuando a ripetere che dovrei sapere cosa ho fatto, poi, dopo molte insistenze, mi dice che lui non vuole che io vada in giro in macchina con i ragazzi.

Rimango allibita, obietto che era presente anche lui quindi ha visto che non sono andata proprio da nessuna parte e che avevo semplicemente ritirato il libro per Marco. Lui aggiusta il tiro dicendo che non devo nemmeno rivolgere la parola ai ragazzi più grandi di me.

Sono episodi del passato che si commentano da soli, dinamiche ancestrali possessive, anche nei confronti del corpo dei figli e in particolare delle figlie. Le modalità repressive utilizzate appaiono in tutta la loro brutalità, in particolare sul piano psicologico. Quali conseguenze lasciano?

L'obiettivo di esplorare la propria storia educativa non è quello di cercare una perfezione che non esiste, e nemmeno di condannare chi ci ha cresciuto.

Il senso di questo percorso sta nel creare la giusta distanza tra noi e il nostro passato, che ci consenta di educare in modo diverso i nostri figli.

CERCARE UN NUOVO INIZIO

Quali sono le radici dei comportamenti punitivi genitoriali, che occasionalmente possono anche sfociare in violenza? Da dove nasce l'intransigenza emotiva, la necessità a volte incontrollata di punire i figli, di fare in modo che percepiscano anche fisicamente la presenza dei genitori, il loro controllo?

Abbiamo bisogno di capire senza giudicare, di sviluppare la consapevolezza che dietro a queste azioni è presente una profonda fragilità. Spesso, la difficoltà a relazionarsi con i figli ha origini che si perdono nella notte dei tempi delle vicende familiari; a volte si tratta di situazioni personali, di orfanità, di violenze profondissime subite anche da generazioni lontane. Ricordo una signora, con una figlia sugli 11 anni, che non tollerava i comportamenti della ragazzina.

Raccontava il nervosismo profondo che le provocava la figlia, percepiva dentro di sé una forma di incontinenza emotiva e confessava di provare sistematicamente la tentazione di metterle le mani addosso. In un momento particolarmente esplosivo esclamò: «È roba mia. Come l'ho messa al mondo, posso anche decidere di eliminarla!».

Dato che questo atteggiamento aggressivo appariva totalmente incontrollato, non era possibile strutturare un intervento di aiuto basato semplicemente su indicazioni pedagogico-educative: proposi alla donna di parlarmi della sua infanzia.

Emerse un vissuto molto tragico. Il padre era alcolizzato e, quando rientrava ubriaco e cominciava a vomitare, la madre si rifiutava di occuparsene e mandava la figlia a prendersene cura e a dormire con lui.

Una sofferenza così profonda è una tragedia esperienziale. La signora non riusciva ad affrontarla, era troppo difficile per lei, e la sua infanzia agiva nel suo presente, provocandole un rancore terribile che si manifestava non solo nei confronti della figlia preadolescente ma anche sul lavoro o con il marito, nelle situazioni più impreviste, rendendole la vita difficile e dolorosa. La fatica nell'analizzare e nel prendere le distanze da quello che le era accaduto nasceva dal suo voler ancora e comunque proteggere la figura paterna, e questo le impediva di riconoscere la propria sofferenza, di elaborarla e metabolizzarla, lasciando che agisse dentro di lei e provocandole un risentimento che sfogava su chiunque, in particolare sulla figlia.

> Ci sono vissuti che lasciano coaguli dolorosi e,
> per poter sciogliere questi nodi,
> occorre rivisitarli.

Tante volte ho incontrato genitori che sono riusciti a raccontare della loro infanzia, a volte anche molto devastata sul piano psicologico-relazionale, e che già solo esternando la loro esperienza riuscivano ad attivare un processo di decontrazione della tensione che provavano nei confronti dei figli. Questo permetteva loro di smettere di attribuire ai figli quelle percezioni in realtà derivate dalle loro storie personali. Ma non sempre questo basta.

Riporto un'altra esperienza particolarmente esemplificativa di come i vissuti genitoriali possono intersecarsi con quelli dei figli.

Sei stronza!

Una coppia con una figlia di 8 anni mi chiede aiuto per gestire la profonda aggressività che la bambina manifesta nei confronti di entrambi, in particolare della madre. Parole pesanti, insulti, una terminologia e un'intensità verbale che appaiono incomprensibili per quell'età: «Sei cattiva! Vattene! Sei stronza, non ti voglio più vedere!».

Esplorando l'infanzia della mamma emerge che il rapporto della donna con la madre era stato segnato da una significativa trascuratezza: alla morte del padre, lei, ancora bambina, aveva dovuto assumersi tutte le responsabilità possibili e immaginabili perché la madre se ne era sostan-

> zialmente disinteressata. Nel ricordare la sua dolorosa esperienza infantile, la donna si è resa improvvisamente conto che i termini e le espressioni aggressive che sua figlia utilizza verso di lei, sono esattamente quelle che lei, alla sua stessa età, avrebbe voluto rivolgere alla propria madre, e che ovviamente all'epoca aveva dovuto reprimere.

La figlia della donna si trova ad assumere un compito gigantesco e tremendo: far venir fuori quello che non ha potuto lasciar emergere la madre durante la sua infanzia. Ma chiaramente è problematico, perché una bambina non possiede la maturità e le competenze psicologiche per affrontare un'impresa così incombente e gravosa, praticamente impossibile da portare a termine. In questo caso per la donna è stato profondamente liberatorio realizzare che quelle parole erano "sue", e questo le ha consentito di sospendere il gioco proiettivo di farsi sostituire dalla figlia nella sua infanzia.

Capisco che sia difficile comprendere come queste dinamiche possano realizzarsi, eppure sono più frequenti di quel che pensiamo. Jung affermava che troppe volte i figli sono costretti a vivere ciò che i genitori non hanno portato a compimento.

> “Quanto più 'suggestivi' sono i genitori, e quanto meno questi ultimi si occupano del loro problematismo (spesso perfino per amore dei figli!), tanto più a lungo e tanto più intensamente i figli devono vivere la vita non vissuta dai genitori e devono compiere per coazione ciò che i genitori hanno rimosso o tenuto allo stato inconscio. Naturalmente non si può pretendere che i genitori siano perfetti per non danneggiare i loro figli. Se fossero veramente perfetti, sarebbe una vera catastrofe per i figli, perché

a questi ultimi non rimarrebbe che un senso di inferiorità morale [...]. L'unica cosa che possa preservare il bambino da danni innaturali è lo sforzo dei genitori di non schivare le difficoltà della vita con manovre di simulazione o con l'abilità di rimanere in stato d'incoscienza, ma invece di accettarle come dei compiti, col massimo possibile di onestà davanti a se stessi, tentando accuratamente di far chiaro proprio negli angoli bui.[4] ”

Ciascun genitore è inserito in una catena genealogica, in una storia che proviene da lontano: non può esimersi dall'esserne il frutto, non può ritenersene separato. Ognuno di noi vive in una precisa collocazione spazio-temporale e i vissuti dei nostri genitori, come quelli dei genitori dei nostri genitori, e ancora più in là risalendo nel passato, possono ancora influire sulle vicende dell'oggi, sui nostri comportamenti e sulle nostre decisioni.

Per questo l'obiettivo di un genitore che voglia liberarsi dei metodi del passato è di riconoscerli per acquisire quella consapevolezza e chiarezza necessarie a non ripeterli. Altrimenti il rischio è di seguire inconsapevolmente copioni non scelti da noi, comportamenti e metodi educativi che non hanno mai funzionato, che dobbiamo trasformare se desideriamo offrire ai figli qualcosa di diverso. I bambini e i ragazzi appartengono alla nostra stessa storia, come scrive Alba Marcoli, psicologa che a lungo si è occupata di infanzia:

“ Ogni bambino è, non dimentichiamo, l'intrecciarsi di tre storie: la sua, quella di sua madre e quella di suo padre. Non si può assolutamente cercare di capire quello che succede nel mondo interno del bambino se non si conoscono le altre due. Lo stesso è valso per i genitori quando erano piccoli. A volte dei segreti dolorosi o

> delle modalità aggressive vengono trasmessi da una generazione all'altra senza averne la consapevolezza e perpetuando così una sofferenza fatta di tanti anelli. Riuscire a spezzarne uno, anche se non definitivamente, è sempre un passo importante.[5]

Il comportamento aggressivo verso i figli nasconde un atteggiamento duro verso se stessi e le proprie sofferenze. Occorre allora cogliere l'opportunità che ci è data dalla nascita dei figli per recuperare le nostre radici, conoscere noi stessi e la nostra storia, svelare i segreti familiari, gettare luce sulle vessazioni subite.

In questa prospettiva occuparsi di sé non è egoismo: consente piuttosto di evitare che i figli continuino a subire, non necessariamente in modo esplicito, il peso delle catene del passato.

Come direbbe lo psicologo canadese Eric Berne,[6] questo significa uscire da binari predisposti, che non vuol dire fare il contrario, ma scegliere la propria strada, in particolare nell'ambito educativo.

Lo scrive chiaramente la psicologa francese Anne Ancelin Schützenberger in uno dei suoi ultimi libri:

> La maggior parte delle persone agisce come gli è stato insegnato; altri fanno esattamente il contrario.
>
> Nel primo caso, anche se non ci piace, nulla si muove: il modello familiare viene riprodotto con esattezza e non ci si emancipa.
>
> Ma cosa accade se faccio il contrario di ciò che facevano i miei genitori, che a loro volta hanno fatto il contrario dei loro genitori? Ebbene, mi ritrovo a fare la stessa cosa che facevano i miei nonni! E, anche in questo caso, non si muove comunque nulla. Credevo di liberarmi dei miei genitori op-

> ponendomi a loro, ma ho semplicemente creato con loro un legame di opposizione.
>
> Il nostro specifico interesse sta nel trovare una risposta che sia la nostra, personale e non identica o all'opposto. L'identico e l'opposto non sono la libertà. La libertà che permette di tagliare il cordone ombelicale e di conseguenza di essere adulto, è quella di scegliere per se stessi.[7]

Rifiutarsi di ripetere gli errori del passato, quelli dei genitori e dei nonni, non significa tradire il loro affetto o le proprie origini, anzi vuol dire nobilitare il passato sciogliendo i nodi che hanno fatto soffrire chi ci ha preceduto.

> Se smetterò di punire mio figlio, di urlargli come facevano i miei genitori, riempirò il vuoto lasciato dai loro tentativi non riusciti,

innalzerò lo sviluppo della crescita umana e sociale, suscitando una particolare riconoscenza per chi non ha potuto farlo perché l'epoca e le condizioni erano meno favorevoli.

Spesso incontro genitori con bambini che mostrano uno scarso senso dell'autorità. È un problema sempre più diffuso, soprattutto a livello scolastico: a un certo punto gli insegnanti iniziano a dare note, voti di condotta bassi e finiscono per convocare i genitori esprimendo loro le difficoltà: «Non ci rispetta, non si adatta, fa fatica a contestualizzarsi».

Irina, una donna di 38 anni con un figlia, Emma, in seconda elementare, venne in consulenza perché le insegnanti segnalavano continuamente le problematiche della bambina e lei non capiva cosa stesse succedendo.

Dall'analisi della storia personale di Irina emerse una figura paterna piuttosto intransigente, dura, refrattaria a ogni forma di ascolto, con cui Irina faceva moltissima fatica a interagire. La madre, pur non supportando il padre, si estraniava dalle dinamiche educative, mostrandosi ansiosa, spaventata, un po' depressa.

A fronte dell'educazione ricevuta, Irina aveva deciso di comportarsi in modo diverso con la figlia, esattamente l'opposto, aveva cioè impostato un'educazione priva di restrizioni, regole e comandi, e che verteva su una richiesta continua alla figlia di cosa preferisse fare. Addirittura aveva accontentato la bambina, Emma, chiamandola in casa Elsa, come aveva chiesto lei, sebbene fosse emerso che a un certo punto la bambina stessa non sapesse più con quale nome preferiva essere chiamata.

La situazione era molto confusiva perché la piccola Emma, in ordine a questo programma pedagogico della madre, era costretta a decidere continuamente tutto quello che doveva o voleva fare: Irina la bombardava di domande su ogni questione da affrontare.

Lo stress emotivo della bambina era elevatissimo e spesso dirompeva in eccessi d'ira nei confronti degli insegnanti ma anche della madre.

La donna riuscì a cogliere l'elemento critico della sua modalità di gestione della figlia: l'impossibilità per una bambina di 8 anni di assumere decisioni non alla sua portata. Impostato un nuovo progetto educativo, Irina decise di coinvolgere il marito, fino a quel momento lasciato ai margini, per non rischiare di riattivare la figura del padre dispotico. La situazione migliorò ma fu molto faticoso per quella mamma riuscire a scardinare non solo il suo passato, ma anche il sistema con cui aveva deciso di sovvertirlo.

In questa esperienza la comprensione genitoriale del vissuto agisce in senso speculare, ma alla fine è la stessa cosa: il binario è quello e i danni si presentano in maniera sintomatica e in un certo senso continuativa. Anche perché, come ho già detto, nel percorso psicoevolutivo la tendenza profonda dei figli è di adeguarsi in senso protettivo ai genitori. L'adeguamento è naturale, appartiene alla fiducia primaria nei confronti delle persone più importanti per i bambini ma, quando si manifesta una difficoltà dei genitori, questa naturale adesione agisce all'interno di un quadro che non è più normale e si trasforma in un comportamento fortemente protettivo, conforme ad aspettative falsate, trasformando i figli in una sorta di tutori dei genitori e portandoli ad assumere su se stessi le loro fragilità. Sono dinamiche che la psicanalisi ha da sempre messo in luce, tema centrale del famoso libro di Alice Miller, *Il dramma del bambino dotato*:[8] la profonda fusionalità psichica tra genitori e figli,di fronte a difficoltà genitoriali, produce un'operazione psicologica che strappa la pelle dell'infanzia, la priva di tutte le libertà, e la rinchiude in una bolla in cui non si tratta più semplicemente di una questione di punizioni, ma di un vero e proprio soffocamento che impedisce ai bambini di fare i bambini e li costringe ad assumere una parte ben diversa da quella prevista per la loro età.

Utilizzo ancora una volta le parole della Marcoli, per evidenziare come la psicanalisi sia ben consapevole di queste dinamiche:

> “Dietro a un bambino che soffre c'è sempre un genitore che soffre e viceversa.
>
> Il bambino tende a proteggere il genitore per non tradirlo, ma contemporaneamente per non perderne la sicurezza, perché è consapevole che si tratta della persona su cui può contare di più in assoluto, nel bene e nel male. Questo non significa che debba essere il bambino a dover fare da genitore al proprio padre o alla propria madre. Un bambino dovrebbe aver diritto a fare il figlio, se è possibile, tranne in situazioni e casi del tutto particolari.[9]”

Spesso i comportamenti sbagliati dei figli scaturiscono da zone d'ombra dei genitori, cioè parti non sufficientemente conosciute della psicologia dei genitori.

Proprio Jung precisava in un'intervista:

> “I genitori non hanno niente di cui meravigliarsi, se non della sprovvedutezza e ignoranza che essi stessi hanno della propria psicologia, che a sua volta è frutto del seme gettato dai loro stessi genitori: sprovvedutezza e ignoranza che perpetuano all'infinito il corso dell'inconsapevolezza di sé. La mia soluzione a questo problema è: educare gli educatori, fare scuole per gli adulti ai quali non è mai stato insegnato che cosa occorre per la vita umana passati i quarant'anni.[10]”

Questo richiamo di Jung all'impegno per una sorta di autoeducazione è molto interessante.

Negli ultimi anni, nell'ambito del mio lavoro come pedagogista, oltre agli sportelli di consulenza pedagogica, ho promosso e realizzato con importante successo la Scuola Genitori.[11] Gli incontri della Scuola Genitori, organizzati in varie città d'Italia su tematiche pregnanti dal punto di vista educativo e molto attuali, come le regole, i conflitti tra fratelli, la funzione del padre, il digitale, la sessualità, il cibo, le bugie, la scuola, permettono a madri e padri di incontrarsi per condividere informazioni essenziali sulla gestione educativa dei figli, modificando le impostazioni più eccentriche e fai da te che producono strategie educative inefficaci.

Come abbiamo visto nella storia di Irina, succede spesso che alcune scelte educative derivino dalla fragilità genitoriale piuttosto che da quella sicurezza e determinazione che trasmettono ai figli una fiducia profonda.

> Penso che questa generazione di genitori
> abbia proprio il compito storico di spezzare
> le ripetizioni del passato e dare il via a un nuovo inizio,
> un percorso che consenta a bambini e ragazzi
> di scoprire e attivare il più possibile tutte le loro risorse
> per affrontare la vita con coraggio e nuova vitalità.

4

CON LE PUNIZIONI IMPARANO MA NON CIÒ CHE È UTILE ALLA LORO CRESCITA

Ancora oggi, mi succede nel sogno di esser giudicata da uno strano tribunale, che decide con un criterio inusato e con inoppugnabile sentenza i delitti e le pene. Mi sveglio di soprassalto a quella voce terribile che mi grida negli orecchi: «Hai sdipanato il filo del gomitolo. Sarai punita con trent'anni di lavori forzati!».
E. MORANTE, *Aneddoti infantili*

I DANNI DOCUMENTATI DELLE MORTIFICAZIONI PUNITIVE

Esistono ormai numerose e diversificate ricerche universitarie internazionali che hanno dimostrato non solo l'inefficacia delle punizioni fisiche, o comunque in generale delle punizioni mortificanti anche non corporali (urla, insulti eccetera), ma anche come queste modalità punitive producano nel medio e lungo termine effetti estremamente negativi nei bambini e nei ragazzi.

Oggi, in genere, madri e padri evitano di ricorrere a punizioni corporali troppo dure, che potrebbero anche produrre lesioni ma, sul tema della sculacciata o della sberla estemporanea, non è così facile individuare un fronte unitario di genitori che le condanni. Troppe volte ancora si sente ripetere: «Una sculacciata non ha mai fatto male a nessuno» o «Quando ci vuole ci vuole» e di solito, nella maggiore o minore approvazione, queste affermazioni sono tollerate e giustificate.

Anche tra gli studiosi universitari qualcuno ha provato ancora a dimostrare che una sculacciata, intesa come «punizione fisica utilizzata principalmente per rinforzare tattiche disciplinari più miti» non provoca danni troppo seri: alcuni autori sostengono che dipende da come viene data e dal fatto che sia il metodo educativo principalmente utilizzato dai genitori.[1]

Per confutare ogni incertezza sulla questione, Elizabeth T. Gershoff ed Andrew C. Grogan-Kaylor, due ricercatori rispettivamente delle università del Texas e del Michigan, hanno pubblicato nel giugno del 2016 uno studio molto approfondito e complesso che ha preso in esame quindici anni di letteratura scientifica sul tema della sculacciata. Lo studio ha fugato ogni dubbio, dimostrando che non esiste alcuna prova in merito all'efficacia della sculacciata, anzi a essa sarebbero riconducibili ripercussioni negative sui bambini e sui ragazzi. In particolare, durante l'infanzia la sculacciata è associata a una maggiore aggressività, a un aumento dei comportamenti antisociali, a una minore capacità di internalizzare i propri vissuti problematici e a una maggiore difficoltà a esprimerli, a problemi di salute mentale, all'alterazione delle capacità cognitive, a una bassa autostima e a difficoltà nei rapporti con i genitori. I "contro", inoltre, sembrano protrarsi anche nella vita adolescenziale e adulta: comportamento antisociale, depressione, problemi di salute mentale e, in particolare, si registra una sorta di trasmissione intergenerazionale della sculacciata, quindi, più ne abbiamo ricevute, più tenderemo a darne.[2]

Tra l'altro questa complessa meta-analisi di Gershoff e Grogan-Kaylor ha evidenziato altri elementi interessanti: che la punizione fisica, per quanto lieve, è associabile certamente a un comportamento sottomesso e accondiscendente immediato, ma anche a più bassi livelli di internalizzazione morale; che produce danni nel rapporto tra genitori e figli; che è significativamente collegata al rischio di essere vittima di abusi fisici durante l'infanzia e di produrre un'escalation di violenza nei genitori che la utilizzano.

Sembra inoltre che non si possa far derivare la punizione corporale dall'esasperazione che si prova di fronte a un comportamento infantile irritante e reiterato. Al contrario è più probabile che i bambini normalmente sculacciati si pongano in un atteggiamento di sfida nei confronti dei genitori. Certo non si può dimostrare con criteri scientifici se venga prima l'uovo o la gallina, anche perché non sarebbe eticamente accettabile condurre uno studio in cui i bambini siano sculacciati appositamente, però esistono ricerche che hanno documentato come la riduzione delle punizioni fisiche genitoriali su bambini con problemi di condotta ne abbia migliorato significativamente il comportamento.[3]

Questo dovrebbe aiutarci a chiudere una volta per tutte la questione dell'efficacia delle punizioni fisiche, per quanto lievi o saltuarie siano. Ma i dati non si fermano qui.

In *Urlare non serve a nulla* ho già riportato uno studio longitudinale, pubblicato nel maggio del 2014 su «Child Development», in cui due ricercatori universitari avevano seguito un campione di quasi mille famiglie di diverso status economico e sociale, analizzando la correlazione tra lo stile educativo genitoriale e i problemi di depressione e di comportamento nei figli. La conclusione della ricerca era che un atteggiamento genitoriale mortificante, improntato a urla e a minacce punitive, per quanto mitigato da affetto e calore nella relazione, induce in preadolescenti e adolescenti stati depressivi e antisociali, aggravando i comportamenti negativi invece di migliorarli come nelle intenzioni dei genitori.[4]

Il problema non è la punizione fisica in sé, ma l'atteggiamento punitivo in generale.

> Le ricerche scientifiche dimostrano che punire, sgridare, minacciare, mortificare producono esiti ben diversi da quelli che ci si propone di ottenere.

In primo luogo:

> le punizioni indeboliscono il legame
> tra genitori e figli.

Un neonato piange. Con il suo pianto sta cercando di comunicare qualcosa e conta sul fatto che l'adulto capirà cosa intende esprimere. Un bambino che piange e che è punito, invece, non può che dedurre che i genitori non sempre lo capiscono e proteggono, ma possono anche aggredirlo. Penso alla classica situazione del bambino o della bambina che si mette in pericolo, attraversando la strada o ad esempio toccando il forno o i fornelli, e, dopo essersi spaventato per l'urlo improvviso o il comportamento scomposto del genitore, scoppia a piangere mentre nel frattempo si becca una sculacciata. Nella mente del genitore, la sculacciata è un sistema veloce e immediato di scaricare la tensione, spesso giustificato dal pensiero: "Così di sicuro non lo rifarà più!" e sostenuto dalla convinzione che una punizione "più forte" ottenga un risultato più soddisfacente.

> Nella mente del bambino, invece, sarà il caos: spavento
> per la reazione del genitore, difficoltà a produrre
> l'associazione causa-effetto tra la propria azione
> e la reazione adulta, dolore, senso di umiliazione.

Venendo meno in quel momento la fiducia nei confronti del genitore, nella memoria del bambino si creerà un default: il rancore e l'ostilità provati, associati a paura e insicurezza, non riusciranno a essere espressi direttamente e si manterranno repressi, minando l'autostima del piccolo e generando difficoltà emotive e comportamentali.

Proprio questo è il secondo esito documentato:

> le punizioni umilianti, siano esse fisiche o meno, compromettono lo sviluppo emotivo.

Il bambino si accorge che non è trattato in una logica di rispetto o di accoglienza e accettazione della sua età e del suo pensiero profondamente diverso dal nostro, ma come un essere inferiore. Paradossalmente questo comporta una minore interiorizzazione delle norme etiche e spesso un conseguente aumento di comportamenti socialmente devianti. In sostanza, il genitore si illude che la reazione di obbedienza immediata, il comportamento oppositivo che rientra, il capriccio che si placa, siano dovuti a una consapevolezza acquisita dello sbaglio commesso:

> il bambino è soltanto spaventato o ammutolito dalla reazione dell'adulto.

Anzi, alla lunga, si abituerà a questa dinamica e farà molta più fatica a interiorizzare le regole della vita relazionale e sociale e a utilizzarle nelle proprie interazioni. Inoltre le sgridate e le umiliazioni possono contribuire a ridurre l'autostima, generando, durante la preadolescenza e in seguito, un insieme di comportamenti legati a problematiche di salute mentale o aumentando il rischio di diventare vittime di abusi.

C'è poi un terzo risultato collegato ad

> atteggiamenti punitivi aggressivi: i bambini li fanno propri, trasformandoli in modelli di risoluzione delle situazioni conflittuali,

e cercheranno di riprodurli nei loro rapporti di forza. Una ricerca svolta negli Stati Uniti nel 2009 ha dimostrato che gli schiaffi dati a bambini di 1 anno predicevano negli stessi bambini comportamenti aggressivi problematici all'età di 2 anni e difficoltà di adattamento sociale intorno ai 3 anni.[5] I bambini che subiscono punizioni fisiche, invece, tendono in seguito a diventare più aggressivi, a essere coinvolti in episodi di bullismo e anche ad aggredire i futuri partner, mentre i bambini che subiscono punizioni umilianti hanno maggiore probabilità di sviluppare l'attitudine a mentire, a rubare e a ricorrere alla violenza.

Non è una questione di esempio, ma di imprinting, di assimilazione di un certo comportamento che diventa normale. Molte ricerche hanno dimostrato che

> quasi tutti i ragazzi violenti hanno alle spalle
> situazioni di assuefazione a questo tipo di condotte.

C'è poi un ultimo aspetto, collegato in particolare alle

> punizioni fisiche: aumentano la probabilità
> di procurare lesioni fisiche importanti,
> poiché chi le infligge tende a diventare più violento.

È stato dimostrato che schiaffi e sculacciate tendono spesso a trasformarsi in pugni o calci: i bambini oppongono resistenza, oppure non sono in grado di controllare il comportamento all'origine della punizione, e questo induce i genitori a intervenire con maggior violenza per rabbia o nella convinzione che il bambino non ubbidisca "di proposito".

UNO SGUARDO SULLE PUNIZIONI NEL MONDO

La *Convenzione sui diritti dell'infanzia e dell'adolescenza* fu approvata dall'Assemblea Generale delle Nazioni Unite il 20 novembre del 1989. All'art. 19 recita: «Gli Stati parti adottano ogni misura legislativa, amministrativa, sociale ed educativa per tutelare il fanciullo contro ogni forma di violenza, di oltraggio o di brutalità fisiche o mentali, di abbandono o di negligenza, di maltrattamenti o di sfruttamento, compresa la violenza sessuale, per tutto il tempo in cui è affidato all'uno o all'altro, o a entrambi, i suoi genitori, al suo rappresentante legale (o rappresentanti legali), oppure a ogni altra persona che abbia il suo affidamento». Nel 2011 il Comitato ONU dei diritti del fanciullo emise il Commento Generale n. 13, dedicato a fornire le linee guida per l'interpretazione dell'art. 19 della *Convenzione*, in cui si precisava: «Tutte le forme di violenza contro i bambini, per quanto lievi, sono inaccettabili. [...] La frequenza, la gravità del danno e l'intenzione di produrre danno non sono prerequisiti per le definizioni di violenza. Gli Stati parti possono fare riferimento a tali fattori nelle strategie di intervento, al fine di individuare risposte proporzionali a perseguire il miglior interesse del bambino, ma le definizioni di violenza non devono in alcun modo ledere il diritto assoluto del bambino alla dignità umana e all'integrità fisica e psicologica descrivendo alcune forme di violenza come legalmente e/o socialmente accettabili».[6] La necessità di questa precisazione è dovuta alla difficoltà nell'individuare una definizione di «violenza sui bambini» unitaria e univoca nelle differenti culture dei Paesi del mondo, perché la situazione internazionale è davvero molto variegata. Il Rapporto dell'UNICEF del 2014, analizzando i dati raccolti direttamente in cinquantaquattro nazioni del mondo e diversi studi nazionali relativi ad altri Stati, ha contribuito a far luce sulla questione facendo emergere alcuni aspetti significativi. Anzitutto il fatto che la forma più comune di violenza sui bambini deriva proprio dalle punizioni a cui sono sottoposti dai genitori, siano esse di natura fisica o psicologica, come le aggressioni verbali, le intimidazioni, le umiliazioni, la colpevolizzazione, le denigrazioni, le ridicolizzazioni. Inoltre emerge che in genere i genitori utilizzano una combinazione di più metodi disciplinari che mescolano insieme punizioni fisiche o psicologiche meno invasive (la sculacciata, la sberla saltuaria, le urla, gli insulti, l'isolamento) con pratiche non violente, come la spiegazione del perché un determinato comportamento è sbagliato o la privazione di qualche privilegio.[7]

Esistono poi differenze anche in merito alla tolleranza delle punizioni fisiche nei diversi ambienti. In buona parte del mondo le punizioni corporali sono proibite a scuola (anche se, ad esempio, negli Stati Uniti non del tutto). Sono invece solo trentanove le nazioni in cui le stesse sono proibite anche in ambito domestico: tra queste l'antesignana è la Svezia che nel 1979 è stata il primo Paese al mondo a vietarle anche in casa. Molti altri Stati, però, continuano a considerare sberle e sculacciate sistemi educativi efficaci, non classificabili come punizioni corporali. Se usate per il bene del bambino e non come reazioni scomposte alla frustrazione e alla rabbia, possono evitare danni ben maggiori, si sostiene da più parti.

L'Italia rientra in questa categoria: fa parte di quei Paesi in cui le punizioni fisiche sui bambini sono proibite per legge in tutti i contesti pubblici (compresa la scuola) mentre non esiste una normativa altrettanto chiara in merito agli ambienti intrafamiliari. Purtroppo, tuttavia, la cronaca negli ultimi anni continua a riportare notizie di interventi delle forze dell'ordine che, in genere su segnalazione dei genitori, documentano con telecamere casi di maltrattamenti, punizioni, strattonamenti, ceffoni e quant'altro all'interno di ambienti educativi o destinati alla cura dei bambini.

Non si può dire lo stesso di quello che accade all'interno delle abitazioni private, dove la sensibilità tende a scemare, quasi che l'elemento privatistico di possessività diretta dei genitori sui figli consenta in qualche modo di derogare alla necessità di comportarsi con i bambini come è richiesto nelle istituzioni pubbliche.

In pratica, due morali. Se le leggi e le norme rappresentano un indice di sensibilità culturale acquisita, diffusa e riconosciuta, occorre notare come in Italia, e in tantissimi altri Paesi del mondo, esista una discrepanza seria fra le necessità giuridiche e i comportamenti correnti: quello che vale a livello delle istituzioni pubbliche sembra non necessariamente valere fra le mura domestiche.

L'Italia è stato il primo Paese al mondo ad abolire gli ospedali psichiatrici, i cosiddetti "manicomi", all'interno di un movimento internazionale che si proponeva di evitare che la follia diventasse un'occasione di segregazione e violenza verso persone malate e in difficoltà. Grazie al lavoro di Franco Basaglia, di tanti operatori della psichiatria, e di un'opinione pubblica favorevole, nel 1980 i manicomi furono chiusi. L'Italia che ha fatto questo, la stessa che nel 1977 con la Legge 517 ha gettato per prima le basi per l'integrazione scolastica abolendo le classi differenziali per gli alunni disabili, che si prepara ad abolire le carceri minorili e che ha già abolito i manicomi giudiziari, potrebbe dimostrare una maggiore sensibilità sulla questione delle punizioni in famiglia.

Occorre fare ancora qualche passo avanti, con maggiore coraggio. Nessun genitore può essere contento di punire i figli ricorrendo alle maniere forti, men che meno se questo accade per colpa di una cattiva gestione delle emozioni e della scarsa capacità di organizzazione educativa. Sostenere il compito educativo dei genitori e favorire una maggiore sensibilizzazione nei confronti delle punizioni sono obiettivi imprescindibili, che vanno di pari passo con l'aggiornamento legislativo.

UNA QUESTIONE DI CULTURA

L'educazione dei figli è una parte decisiva e imprescindibile di tutte le culture. Dal punto di vista antropologico le società si caratterizzano anche per questa estrema differenza nell'accudimento e nell'educazione delle nuove generazioni: la *Convenzione sui diritti dell'infanzia e dell'adolescenza* cerca di attenuare alcuni elementi particolarmente critici, in modo da garantire a tutti i bambini un quadro di riferimento positivo, ma di fatto ogni cultura tende a una forte caratterizzazione educativa. Gli studi non lasciano adito a dubbi: le punizioni entrano nei modelli culturali educativi in maniera molto precisa e ogni società struttura indicazioni specifiche in ordine alla disciplina, alla correzione, al castigo e alla punizione.[8] Quali sono gli elementi che definiscono in linea di massima queste modalità culturali? Sono sostanzialmente tre.

Il primo indice da considerare è il **rapporto fra libertà e sottomissione**: quanto una cultura educativa valuti positivamente i propri figli in base alla sottomissione, piuttosto che alla libertà. I figli "funzionano" quando sono totalmente disponibili a obbedire, assecondare i genitori, ascoltarli e quindi agire mirando a un adeguamento totale al mondo adulto. Questo è un indicatore di rigidità, che spesso comporta un'elevata possibilità del ricorso alla coercizione anche fisica. Per ottenere che un bambino, sostanzialmente immaturo e incapace fisiologicamente di adeguarsi a tutte le richieste degli adulti, riesca comunque a farlo, queste culture tendono ad agire in maniera forte, determinata e anche punitiva, in funzione dell'obiettivo. In un certo senso i mezzi giustificano il fine.

Viceversa le culture più orientate allo sviluppo della libertà e creatività dei figli, che ad esempio valorizzano gli asili nido come strutture dove i bambini possono fare esperienze e non semplicemente come luoghi in cui imparare a ubbidire agli adulti, improntano il rapporto con i figli a una maggiore flessibilità, garantendo la possibilità che siano i bambini stessi ad autoregolarsi e a valorizzare le loro risorse, a prescindere da qualsivoglia coercizione.

Il mio libro punta a sostenere questo tipo di cultura educativa che, in linea con la logica montessoriana, valorizza le risorse di bambini e ragazzi e non muove guerra ai figli per "raddrizzarli" e "aggiustarli". Però occorre essere consapevoli che questo tipo di approccio educativo è minoritario.

Howard Gardner, psicologo e docente a Harvard, così riassume le potenzialità della creatività infantile:

> I bambini che nell'infanzia hanno l'opportunità di scoprire molte cose sul proprio mondo, e possono farlo in modo facile ed esplorativo, accumulano un inestimabile 'capitale di creatività' su cui potranno contare per tutta la vita, mentre quelli che vengono ostacolati nelle proprie attività di scoperta e costretti a muoversi soltanto in una direzione, o quelli a cui viene inculcata che la risposta giusta è una sola e che compito di stabilire quale essa sia spetta esclusivamente alle persone dotate di autorità, hanno possibilità molto più scarse di riuscire mai a muoversi con autonomia.[9]

Il secondo indice culturale che gioca un ruolo importante in relazione alle punizioni è quello dell'**appartenenza familiare**. Le culture educative si dividono nettamente fra quelle fortemente centrate sulla necessità di appartenenza e continuità familiare e quelle invece orientate a un maggior senso di condivisione sociale. Nelle prime si mette la famiglia sopra ogni cosa: conta la sintonizzazione tra il destino individuale e la programmazione familiare. Il singolo non appartiene a se stesso, ma si realizza quando riesce a esprimere al meglio le potenzialità della società familiare, senza discostarsi dalla programmazione genealogica. Questa programmazione da un lato è intenzionale, nel senso che quando un individuo decide di staccarsene si nota la reazione, spesso anche brutale, della famiglia nei suoi confronti; ma è anche un processo subliminale, nel senso che se tutto procede liscio non esiste coercizione o repressione, anzi il tutto è vissuto con naturalezza, come un evento scontato, un destino ineluttabile. In genere l'individuo neanche si accorge di essere inserito in una programmazione genealogica, la cui forza sta proprio nella sua natura implicita, che non consente al singolo di prendere la giusta distanza.

Al contrario, nelle culture più inclini a favorire l'interscambio tra i figli e il resto della società, la valenza familiare è senz'altro più debole. Qui l'individuo appartiene a se stesso, e l'operato della famiglia è mirato a stimolare lo sviluppo delle facoltà dei figli e a farli interagire con la società perché raggiungano il massimo degli obiettivi che si prefiggono.

Nelle culture a forte appartenenza familiare le punizioni giocano un ruolo molto importante. Il bambino deve adeguarsi alle regole di famiglia e ha poca possibilità di retroagire: le punizioni sono lo strumento principale di questo processo di adeguamento. Nell'esperienza che ho fatto in Kosovo – dove insieme alla ONG Reggio Terzo Mondo e ai collaboratori del CPP, ho ideato e seguito il Centro Educativo per bambini dai 2 ai 6 anni nella zona di Klina, a Shtupel –,[10] i bambini erano gestiti fondamentalmente dai nonni, al punto da far risultare fortemente ridimensionata la titolarità dei genitori. Questo accadeva al fine di garantire la continuità genealogica, visto che i genitori sono comunque rappresentanti del nuovo che avanza. È per questo che insisto da anni, con i genitori e quando è possibile a livello istituzionale, sull'importanza che ai bambini sia data la possibilità di frequentare asili nido e scuole dell'infanzia anziché lasciarli alle cure, per quanto amorevoli, dei nonni. La garanzia di un accesso a tutte le risorse che la società può offrire alle giovani generazioni, in termini di un percorso finalizzato allo sviluppo della creatività e delle risorse individuali, è maggiore.

Come, in modo molto suggestivo, scriveva il poeta libanese Khalil Gibran:

> “I vostri figli non sono i vostri figli. Sono i figli e le figlie della brama che la Vita ha di sé. Essi non provengono da voi, ma per tramite vostro, e benché stiano con voi non vi appartengono. Potete dar loro il vostro amore ma non i vostri pensieri [...]. Potete alloggiare i loro corpi ma non le loro anime, perché le loro anime abitano nella casa del domani, che voi non potete visitare, neppure in sogno.[11]”

Il terzo indice che differenzia e definisce le culture educative anche in merito alle punizioni, riguarda la **differenziazione nella formazione del maschio e della femmina**. Le culture maschiliste hanno riservato un trattamento di controllo maggiore, spesso persino ossessivo, nei confronti delle figlie, per fare in modo che il patrimonio genetico familiare, necessariamente conservato dalla femmina, possa andare nella direzione programmata dalla cultura di appartenenza, piuttosto che libero in direzioni sconosciute. In queste tradizioni la dicotomia culturale è abbastanza forte: quello che è permesso ai maschi può non essere permesso alle femmine e anche il sistema punitivo diventa più raffinato. Mentre ai maschi è riservato un approccio diretto, se si vuole anche fisico, nei confronti della bambina si utilizza un percorso di progressiva preclusione degli ambienti pubblici, escludendola da alcune esperienze fondamentali della vita (in alcuni casi anche dalla scuola).

Aya, una bambina araba di 8 anni, racconta:

> Un giorno Ryad ha rotto tutti i miei giochi ma poi è andato a dire al mio papà che ero stata io. Mio papà mi ha detto: «Aya, vai in camera tua!». Allora io sono andata in camera mia a studiare. Mio papà dà ascolto solo a Ryad perché lui è l'unico maschio della famiglia.

Negli ultimi anni, nel mondo occidentale la situazione è cambiata, al punto che oggi, ad esempio, sono più le donne a laurearsi degli uomini, ma rimangono diverse zavorre preclusive nei confronti delle bambine. È più sconveniente che le femminucce litighino tra loro, oppure la bambina motoria è meno tollerata del maschio motorio. In alcuni casi si mantiene un'accentuazione di correzione, anche punitiva, che può diventare discriminatoria.

Anche in Italia, comunque, in merito alle punizioni è ancora diffusa una diversificazione di genere. Carla, una mamma di 46 anni, mi scrive in merito ai suoi due figli Marco e Giulia:

> C'è una cosa che tengo a dire: è evidente che maschi e femmine non sono uguali nella loro maturazione, e per questo nel modo di educarli da parte nostra c'è una bella differenza.
>
> Per mio figlio la punizione chiara e severa serve, anzi direi che è indispensabile. Per come la vedo io, i maschi sono molto più animali di noi nella crescita e per loro il castigo, l'imposizione di restrizioni, è un binario di riferimento. I ragazzini sono tremendamente egocentrici, la punizione è una limitazione forzata che insegna che al mondo non ci sono solo loro e le loro cose. E Marco, finché non gli toccano il suo, non si rende conto!

Per la femmina, invece, la punizione è meno lezione di vita. È molto più facile che Giulia si metta nei panni di chi le sta di fianco, è più... attenta agli altri. Per le ragazzine il castigo non è educativo: è solo un richiamo, ma forse se ne potrebbe fare anche a meno.

LA DISTINZIONE TRA PUNIZIONI CORPORALI E PUNIZIONI CORRETTIVE

Le punizioni corporali appartengono a un'epoca oggi sostanzialmente superata e, anche se si usano ancora, sono più facilmente collocate dentro una difficoltà emotiva dei genitori a contenersi piuttosto che alla convinzione che per educare i figli occorra far loro del male.

Ho definito "trappola emotiva" questa difficoltà dei genitori nel trovare modalità alternative alle forme di contenzione fisica per esprimere il dissenso rispetto al comportamento del figlio. Sculacciate, strattoni, schiaffi, pedate che i bambini, nella loro innocenza, tendono a segnalare nelle testimonianze con una ridondanza significativa. Per impedire che i bambini subiscano queste forme di mortificazioni fisiche

è necessario passare dal genitore emotivo, ingolfato da sensazioni forti, volontà interventistiche, reazioni incontrollate, al genitore organizzato. Quest'ultimo sente le emozioni salire ma, attraverso un repertorio anche tecnico di conoscenze e strumenti, evita la trappola.

In questo sta il principio dell'organizzazione educativa, componente principale dell'essere adulti di riferimento per i bambini e i ragazzi.

> Il problema è che, tra il genitore emotivo e il genitore organizzato, si è insinuata la cultura della punizione, non più fisica ma giudicante, colpevolizzante, umiliante.

I figli continuano a essere visti nelle loro carenze, anzi sono spesso considerati provocatori, intenzionati a rendere la vita impossibile ai genitori. Sono affermazioni che si basano su una scarsa conoscenza del percorso psicoevolutivo di bambini e ragazzi e sono sostenute da una concezione di giustizia come correzione assoluta.

Prendiamo ad esempio le bugie. Il bambino racconta che a scuola gli hanno rubato il giocattolo. I genitori vanno a parlare con le insegnanti e scoprono invece che l'ha perso: si inferociscono e scatta la punizione. In realtà il bambino non ha mentito intenzionalmente, ma ha espresso una versione dei fatti che, nella logica del pensiero magico che domina la sua visione del mondo, lo mette al sicuro dal dover fare i conti con la realtà di aver davvero perso il suo gioco. Sostanzialmente è stato ingegnoso a trovare uno stratagemma.

Il castigo in cosa può consistere? Di solito si tratta di punizioni correttive: "Ti tolgo questo, ti tolgo quest'altro, non esci per un mese, non inviti i tuoi amici, non vai a basket". In termini tecnici si potrebbero definire privative.

In genere oggi una delle modalità punitive più diffuse in famiglia prevede il ritiro del cellulare o comunque di vari e diversificati strumenti di gioco o di svago tecnologici: tablet, iPod, console di giochi come la Wii, la PlayStation e chi più ne ha più ne metta. La proibizione della tv non sembra più molto in voga, anche perché ormai la televisione è stata spesso surclassata dai nuovi schermi digitali interattivi che assorbono attenzioni e interessi di bambini e ragazzi molto più del vecchio schermo televisivo.

Ascoltiamo il punto di vista dei diretti interessati sulla privazione del cellulare.

Giorgia, 11 anni

Quella volta che mi hanno punito perché avevo risposto male a mia sorella, mi hanno portato via il cellulare per una settimana. Mi sentivo dispiaciuta. Penso che mia mamma ha fatto bene a punirmi... però le dico ancora le parolacce.

Mattia, 10 anni

I miei genitori mi puniscono quando prendo dei brutti voti. Mi tolgono il telefono o l'iPod per un mese o una settimana (dipende dai voti). Mi sento un po' deluso. Io penso che sia giusto, ma non credo serva a farmi studiare di più.

I bambini sembrano più consapevoli dei genitori circa l'inefficacia delle punizioni privative e mostrano anche una certa confusione mentale tra le sensazioni suscitate dalla punizione e la constatazione della sua inutilità ai fini strettamente educativi.

Paiono abituati a una modalità di intervento genitoriale che, se da un lato ritengono in qualche modo giusta o legittima, dall'altro non funziona e provoca piuttosto dispiacere e delusione. Un ragazzino che prende brutti voti a scuola ha bisogno di un intervento mirato che stabilisca alcune regole relative allo studio (non si fanno i compiti con il cellulare acceso, ad esempio) più che privazioni, che nella sua testa difficilmente riescono a trasformare un problema in apprendimento concreto.

Anche una quindicenne la pensa in modo simile.

Francesca, 15 anni

Il mese scorso sono stata punita da mio padre. Mi ha sequestrato il telefono perché mi sono alzata da tavola prima che i miei genitori finissero di mangiare. Il giorno dopo mi è stato restituito senza che io lo chiedessi.

Molto spesso capita che mi tolgano il telefono anche solo perché non aiuto a pulire la casa; però forse per i sensi di colpa, o per altri motivi che io non capisco, poco dopo me lo ridanno.

Trovo che questo tipo di punizioni non sia molto utile; se non ho voglia di fare una cosa, non la faccio neanche se mi sequestrano il telefono. A volte, anzi, ringrazio perché ogni tanto fa bene disintossicarsi dalla tecnologia.

Forse se mi venisse promessa una ricompensa per fare qualcosa, invece che essere minacciata in caso contrario, farei le cose con molto più piacere.

Francesca ha già 15 anni, è in seconda superiore, ma non ha ancora capito il criterio con cui le viene tolto e poi restituito il telefono. Di certo, ha chiaro che in questo modo i genitori non ottengono da lei gli obiettivi che si prefiggono: la privazione del cellulare è vissuta come totalmente scollegata dalla richiesta di partecipazione alla vita familiare che i genitori vorrebbero da lei. Certamente questa punizione non sviluppa l'apprendimento nei termini di consapevolezza e di autocomprensione dei suoi doveri rispetto alla vita familiare anzi, un po' ironicamente, Francesca fa capire di aver trovato un escamotage per non farsi ferire più di tanto dalla privazione che subisce (la disintossicazione dalla tecnologia), rivalendosi nei confronti di mamma e papà.

Ancora una volta ribadisco la fondamentale differenza tra punizioni e regole di cui ho parlato nel capitolo 2: se i genitori non organizzano e definiscono le regole educative in modo chiaro, il collegamento tra l'aver infranto l'ipotetica regola e la punizione conseguente sarà palese solo nella loro testa. Oltre a non essere efficace in se stesse, come dimostra la testimonianza di Francesca, le punizioni sembreranno del tutto arbitrarie e contribuiranno a minare l'autorevolezza genitoriale.

Esistono poi punizioni che prevedono l'allontanamento: è il caso del *time out*, dell'isolamento dagli amici o dalle situazioni di divertimento e di gioco o, più tragicamente, del bambino giapponese dell'introduzione, abbandonato ai margini del bosco per fargli capire che aveva sbagliato.

Elisa, 8 anni

La mamma mi punisce quando picchio mio fratello, quando le disobbedisco o quando faccio l'egoista sulle mie cose.

Alcune volte mi punisce anche il mio papà. Mi tolgono il tablet, mi impediscono di partecipare ai compleanni delle mie amiche oppure non mi fanno andare al parco.

Alessandro, 10 anni

Di solito interviene mia mamma (perché mio padre è molto gentile con me) e mi dice: «Alessandro, sei in punizione per tre settimane! Non puoi neanche toccare il tablet, né uscire a giocare!». Se la cosa che ho combinato è grave mi mette in punizione chiuso in camera anche per uno o due mesi.

Mi punisce per una settimana anche quando mi dice di andare a fare la doccia e io dico di no.

Una volta ho sofferto molto: sono rimasto chiuso in camera per due mesi, perché avevo rotto una cosa importante di mia mamma.

Difficile, se non impossibile, per un bambino (ma anche per un adulto) apprendere qualcosa sull'igiene personale, o addirittura su come evitare un incidente sicuramente imprevisto e non intenzionale come la rottura di un oggetto, con un periodo di isolamento. Capita anche agli adulti di essere maldestri o disattenti o di aver poca cura di qualcosa, senza malafede. Un vero apprendimento su questi fronti si otterrebbe piuttosto facilitando l'attenzione, favorendo lo sviluppo delle competenze motorie, e, per quel che riguarda l'igiene personale, certamente favorendo l'interazione sociale piuttosto che proibendola! Le punizioni, per quanto non corporali e quindi ritenute non violente, esercitano comunque una vessazione sui bambini e sui ragazzi, proprio per la loro natura arbitraria e intrinsecamente inefficace rispetto all'implementazione di quelle competenze che si vorrebbe instillare nei figli.

Altre punizioni sono più mortificanti, magari in senso comparativo: si dà una cosa al fratellino e non alla sorellina che si è comportata male. Anche in ambito scolastico le punizioni sono ancora ampiamente diffuse: alla scuola primaria una delle più utilizzate consiste nel far passare l'intervallo seduti ai banchi o nel far saltare l'ora di educazione motoria (come se non fosse un'ora dedicata a tutti gli effetti all'apprendimento ma al gioco). Mentre nelle scuole di ordine superiore si utilizza spesso la sospensione individuale, o quella collettiva, dalle uscite didattiche.

Si tratta di forme punitive che non hanno più nulla a che fare con la mortificazione corporale, ma che stigmatizzano profondamente il comportamento infantile o adolescenziale e prevedono un intervento puramente meccanico. «Hai fatto una cosa sbagliata, ne paghi le conseguenze.»

> Il risultato è che i figli non sono valorizzati in autonomia e responsabilità, ma semplicemente colpevolizzati nei loro difetti e mancanze, cioè nella loro naturale e inevitabile immaturità.

Bruno Bettelheim, nel suo famoso libro *Un genitore quasi perfetto*, così commentava il ricorso alle punizioni con i figli:

> Quanto ai castighi, può darsi che trattengano il bambino dal fare quello che non dovrebbe, ma non gli insegnano l'autodisciplina; per fare questo esistono metodi certamente più efficaci. Il genitore che, lasciandosi trasportare dalle emozioni suscitate in lui dalla cattiva condotta del figlio, lo punisce, ci penserebbe due volte a farlo e non si sentirebbe più dalla parte della ragione, se invece di camuffare il suo gesto da metodo educativo, ammettesse con se stesso di essersi lasciato trascinare dall'emozione. In caso contrario, riuscirà forse a ingannare se stesso, ma non il figlio. [...] Qualunque punizione, fisica o psicologica, ci pone contro la persona che ce l'ha inflitta. E a questo proposito non dobbiamo dimenticare che le ferite psicologiche possono fare più male e durare più a lungo di un dolore fisico. [...] In genere si impara in fretta a evitare le situazioni che ci mettono in condizione di venire puniti: in questo senso si può dire che le punizioni siano efficaci. Tuttavia, come insegna la storia della criminalità, esse non costituiscono un deterrente adeguato per chi ritiene di poterla fare franca; cioè, il bambino che prima agiva apertamente, ora imparerà a fare le cose di nascosto.[12]

Luna, di 10 anni, racconta quella che definisce un'esperienza di "prigionia":

> I miei genitori mi mettono in punizione se prendo dei brutti voti, tipo 5 o 4, forse anche 6. Mi tolgono la tv, il tablet, la

> Wii e a volte non posso invitare i miei amici, e questo è molto triste.
>
> Qualche volta mi mettono in punizione e non mi fanno andare al parco, poi il giorno dopo se non sto attenta in classe mi aumentano la punizione o mi tolgono qualcosa in più.
>
> La mia impressione è che sembra di essere in una prigione.
>
> Intervengono quasi sempre tutti e due, però papà è il più serio. Mi spiegano gli errori e poi decidono la punizione.

In questo caso la punizione segue una spiegazione degli errori commessi dalla bambina. Eppure, da quanto racconta Luna, non sembra proprio che queste "prediche" chiariscano qualcosa. Luna non capisce neanche bene quale sia l'errore che commette, né la logica punitiva sottesa, se non in termini di graduale aumento delle privazioni. Si sente triste, in carcere, e con il rischio perenne che le sue azioni producano un aumento della pena. È ancora piccola e comunque tende a giustificare il comportamento della mamma e del papà, ma quello che percepisce di loro è fondamentalmente una sorta di avversione e cattiveria diabolica.

Anche Matilde, 15 anni, prova le stesse sensazioni di Luna, anche se, essendo ormai adolescente, inizia a sviluppare un certo distacco:

> I miei genitori riguardo alle punizioni sono molto severi, infatti per ogni minimo sgarro vengo punita.
>
> Una volta, per aver litigato con mia sorella prima di andare a dormire, mia madre si è arrabbiata molto: mi ha tolto il telefono, non mi ha fatta andare agli allenamenti di pallavolo né uscire il sabato sera con le mie amiche.
>
> Ormai le mie punizioni sono sempre le stesse: mi privano di tutto ciò a cui tengo.

> Matilde non impara.
> Anzi sembra quasi che nessuna punizione
> possa ormai farle più effetto.

È preparata e disillusa, ma questo non aiuterà certo i suoi genitori ad affrontare le difficoltà della sua crescita in modo efficace. Piuttosto favorirà un processo di sfiducia e rivalsa.

Invece Valentina, 16 anni, commenta così la questione punizioni:

> Io in prima persona non sono mai stata punita, se non quando ero piccola per questioni banali come il rispondere male a papà o mamma. Allora non mi facevano guardare la tv oppure non mi lasciavano andare a casa delle mie amiche. Ma credo che le punizioni non servano a niente e che ognuno deve capire da solo dove sbaglia.

IL *TIME OUT*: COME UNA TECNICA SI TRASFORMA IN PUNIZIONE

Tra tutte le punizioni non corporali voglio soffermarmi su quella che è chiamata la tecnica del *time out* che oggi è piuttosto diffusa in ambito scolastico e familiare.

Time out è un termine che sicuramente gli amanti di sport come basket o rugby conoscono bene: indica una sospensione del gioco, in genere di un minuto, che può essere richiesta da uno degli allenatori per interloquire con i suoi giocatori. In ambito educativo, invece, è una tecnica di modificazione del comportamento infantile che prevede di fermare il bambino o il ragazzo che presenta una condotta inadeguata, privarlo di ogni rinforzo positivo e isolarlo in un luogo apposito, spesso un'altra stanza ma anche una sedia, per il tempo sufficiente a far cessare l'attività intollerabile. In teoria l'obiettivo è di insegnare ai bambini a dismettere il comportamento sbagliato, però occorre precisare che questa tecnica, nata a opera dello psicologo comportamentista americano Arthur Staats, in origine era pensata per essere utilizzata solo in alcune situazioni estreme, legate a comportamenti fortemente aggressivi verso gli altri e distruttivi dell'ambiente, e solo se il ricorso ad altri metodi educativi non risultava efficace.

Si tratta infatti di una procedura costrittiva che, come oggi molti psicologi e pedagogisti hanno appurato, presenta numerose controindicazioni ed effetti collaterali e può alterare in modo significativo il rapporto di fiducia tra genitore e bambino.

Il problema è che da quando le punizioni fisiche sono diventate sempre meno socialmente accettabili, il *time out* è stato proposto come metodo punitivo sostitutivo, nella semplicistica convinzione che sia un sistema rispettoso del bambino. In genere è utilizzato in due modi: come classica reazione ai comportamenti non voluti – "Vai in camera tua per cinque minuti", oppure: "Stai seduto lì per due minuti in punizione" – o come breve periodo di tempo che permette al bambino (ma anche al genitore e/o all'insegnante) di prendere le distanze da comportamenti vissuti negativamente per riflettere sugli stessi e tranquillizzarsi. Però, mentre gli esperti si accorgevano delle controindicazioni di questa tecnica e ne modificavano lo scopo da sanzione a metodologia per aiutare un bambino a calmarsi, i genitori hanno cominciato a utilizzarlo sempre più come punizione.[13]

> Il limite del *time out*
> è che non si adatta alle competenze
> psicoevolutive dei bambini.

Prima di tutto bisogna tener presente che molti bambini non reagiscono bene all'essere isolati o allontanati dal gruppo e dai giochi: vivono quei minuti come una disconferma di sé, un'umiliazione che aumenta la rabbia e l'aggressività e spesso mina alla base il rapporto con l'adulto.

In genere poi l'isolamento è accompagnato dalla tipica frase: «Stai lì e rifletti su quello che hai fatto». Ciò che però accade, in realtà, è che il bambino più grande pensa alla sua rabbia, all'ingiustizia che sta subendo, al modo per ribellarsi o rivalersi; mentre quello più piccolo – che non possiede gli strumenti cognitivi per elaborare il suo comportamento – resta confuso, sostanzialmente abbandonato a se stesso e sopraffatto da emozioni che non riesce a capire. Inoltre i bambini, almeno fino ai 10 anni, hanno limitate capacità di autocontrollo emotivo ed è impossibile che riescano da soli a trovare il modo di calmarsi.

> Il *time out* non insegna ad affrontare i conflitti, a comunicare, a sviluppare abilità di regolazione emotiva, a imparare a gestire la frustrazione o le difficoltà dell'interazione sociale o relazionale.

Non bisogna poi dimenticare che spesso i genitori pretendono che l'episodio incriminato si chiuda con il bambino che va a chiedere scusa, e i bambini questo lo imparano in fretta! Hanno capito che porgere le proprie scuse serve a sbloccare la situazione di impasse, quindi lo fanno anche se non hanno idea del motivo per cui serve. Quante volte si sentono genitori ed educatori chiedere al bambino o al ragazzo penitente, alla fine del *time out*: «Allora, dimmi, a cosa hai pensato?». E la risposta più frequente è fortemente esplicativa: «A quello che mi hai detto!», «Che devo fare il bravo!», «Che non devo più comportarmi così!». Tutto risolto. Peccato che nessuno abbia imparato niente.

5

I MITI ANCORA ATTIVI DELLE PUNIZIONI OGGI

Credo di avere avuto la peggiore educazione possibile:
apprensiva, irrazionale e conservatrice.
Un comportamento tipico della mamma era fare una sfuriata,
magari darmi una sberla e poi, pentita,
portarmi a spasso e comprarmi un regalo.
D. BIGNARDI, *Non vi lascerò orfani*

I sostenitori delle punizioni corporali sono ormai rari e sentono di doversi sempre giustificare. Esistono poi i teorici delle punizioni intelligenti, non più corporali ma penetranti e "moderne".

Sono le posizioni che mi sembrano più pericolose, quelle di chi è certo di dire e fare la cosa giusta, che è inutile fare voli pindarici sul comportamento dei bambini, che il ruolo degli adulti va rimarcato adeguatamente perché, in fondo, anche i figli sono contenti di sentire una certa durezza. Le loro argomentazioni sono spesso ben articolate, a volte si ammantano anche di una qualche base teorica, ma le loro idee non puntano tanto al valore pedagogico o educativo, quanto a dare ai genitori che ne fanno uso un background di alibi e giustificazioni, per continuare a fare quello che a loro volta hanno ricevuto dai genitori, seppure in una modalità differente.

Alla cultura del ceffone si è sostituita quella della punizione equa, giusta, adeguata.

> “Le punizioni vanno date bene, soprattutto tenendo conto del contesto in cui si sviluppano. La punizione fa parte del processo educativo, ne è un momento importante ed è utile per il bambino. C'è un prima

della punizione e soprattutto deve esserci un dopo. Non è il gesto punitivo in sé che è importante, può essere uno schiaffo, può essere la parola gridata, può essere qualsiasi altra espressione di un richiamo, ma quello che è importante è che ci sia poi da parte del genitore la capacità di consolare il bambino punito. È la mancanza di questa prosecuzione di relazione punitiva che produce ferite e fa del male. Il genitore deve essere in grado, dopo aver punito il figlio, di prenderlo accanto a sé e di far sentire che nulla cambia rispetto al rapporto fra loro due.[1] ”

Ecco che la cultura arcaica delle botte è sostituita da una cultura più raffinata in cui la punizione è semplicemente parte integrante di una relazione ben articolata, e il punire fa parte delle regole del gioco.

Cercherò pertanto di analizzare alcuni miti che tutt'oggi sono utilizzati per sostenere e giustificare gli atteggiamenti punitivi genitoriali. Sono sostanzialmente sei:

1. SE NON LO PUNISCI SUBITO, PENSERÀ DI AVERLA FATTA FRANCA

È il mito della tempestività,

> l'idea che a ogni azione debba corrispondere
> subito una reazione immediata perché,
> se si aspetta troppo, il colpevole può farla franca.

Fatta la tara alle botte, questa è un'idea che si perde nella notte dei tempi. Su questo mito c'è un film francese, molto bello, *Les Choristes*, che racconta la vita di bambini con problemi familiari in un collegio francese del dopoguerra. Il direttore è un uomo cinico e aggressivo, la cui logica educativa è basata proprio su questo principio di "azione-reazione". A un gesto sbagliato di un ragazzo segue istantaneamente una determinata sanzione e un preciso castigo. La storia è molto intensa, ricca di suggestioni e dà ragione dell'inutilità di questo modo di educare. Ma non sono metodi utilizzati solo nel dopoguerra, in tanti sono ancora convinti di questo principio.[2]

Mi scrive Beatrice, mamma di Rossella, 11 anni, e Michele, 14:

> Da noi la punizione scatta come conseguenza diretta: ci sono poche regole precise, ma se uno dei miei figli non le rispetta, arriva immediata!
>
> L'entità del castigo dipende poi da cos'hanno fatto, non è che ci sia una tabellina, non è: «Hai fatto questo, allora ti meriti questo». Varia a seconda di cos'è successo.
>
> Se ne parla insieme, cerco dei chiarimenti e delle possibili giustificazioni, anche se poi comunque alla punizione non si scappa. Ad esempio, sequestro il tablet.
>
> Però, per spiegarmi meglio, un fatto che giudico molto grave è stato questo: mio figlio era già in punizione senza tablet, ma mi ha fatta arrabbiare ancora di più perché lo ha usato di nascosto, infischiandosene del divieto.
>
> È stato un gesto inaccettabile... Vuol dire che non c'è rispetto, non c'è il senso dell'autorità. Allora, cosa abbiamo fatto? Invece di una punizione blanda che avevamo già concordato, ne abbiamo aggiunta una molto più... abbondante.

Non sono solo i genitori, comunque, a sostenere queste convinzioni. «Per funzionare al meglio, le punizioni devono essere: *immediate*. I bambini, soprattutto quando sono piccoli, vivono nel presente. Non si può quindi rimandare le punizioni a un tempo futuro (tipo "Stasera quando rientra papà vedrai"), ma è necessario legarle all'evento in corso. Altra cosa importante: dobbiamo sempre spiegare perché li puniamo, altrimenti rischiamo di apparire ai loro occhi come ingiusti e cattivi.»[3]

Ma ascoltiamo anche il punto di vista dei bambini.

Enrico, 11 anni

I miei genitori mi puniscono in modo giusto, non mi picchiano né mi lanciano le cose, anche se mi puniscono molto spesso.

Di solito mi vietano di giocare con il tablet per alcuni giorni, mi vietano di uscire, di andare al parco o agli allenamenti, di usare internet, di guardare la tv...

Ogni azione ha la sua punizione: se sto troppo attaccato al tablet e mi scordo di stendere, non me lo fanno usare per due giorni; se ho fatto male a qualcuno non posso uscire per una settimana; se rompo qualcosa prendono i miei soldi per ripagarla; se non studio niente allenamenti; se scoprono che ho mentito su una faccenda seria niente internet per una settimana.

Però non agiscono mai da soli, non ritengono giusto che solo uno debba decidere: tipo se mia madre scopre che ho rotto qualcosa aspetta mio padre per darmi la punizione.

Anche se mi scoccia ammetterlo le punizioni sono positive perché, se sono usate bene, ci aiutano a non ripetere gli errori.

Arrivato a 11 anni Enrico ha ormai introiettato i metodi genitoriali che, a quanto pare, non riescono a cambiare i comportamenti del bambino ma modificano solo la sua considerazione sulle decisioni dei genitori.

2. DEVE PAGARE LE CONSEGUENZE DI QUELLO CHE HA FATTO

Questo secondo mito è particolarmente pericoloso, specie con i bambini piccoli, perché non considera in alcun modo il loro livello di maturazione.

Un bambino di 3 o 4 anni potrebbe commettere un'azione sconsiderata senza averne la percezione: ad esempio, si mette a giocare con l'acqua nel letto, e lo bagna, e come conseguenza del suo gesto viene lasciato dormire nel letto bagnato, «così impara». Oppure fa cadere un giocattolo dal balcone e prontamente il giocattolo viene fatto sparire perché «deve capire che non bisogna lanciare le cose dal balcone».

Questo tipo di mitologia è veramente incredibile nella sua incapacità di cogliere l'elemento psicoevolutivo dei figli.

> I bambini piccoli non riescono a cogliere
> i nessi tra quello che hanno fatto
> e la conseguente punizione, che spesso
> finisce solo per provocare dolore,
> umiliazione e rabbia.

Anche con gli adolescenti la situazione non cambia: la considerazione delle difficoltà di un adolescente a sintonizzarsi sui propri limiti e capacità, in un momento di grande cambiamento e sviluppo, non può essere sottovalutata. Il caso tipico coinvolge, ad esempio, le attività extrascolastiche. Il genitore si impunta: «Bene ti iscrivo a rugby! Ma ricordati che appena salti un allenamento non ti ci mando più». Difficile che un adolescente, per quanto motivato, riesca a seguire tutti gli allenamenti. Gli interessi e le motivazioni possono modificarsi anche molto repentinamente in quella fascia d'età. Ed è pressoché impossibile che un ragazzino sia centratissimo su tutti i suoi compiti: la preadolescenza e l'adolescenza sono un passaggio particolare, in cui l'instabilità è un dato neurofisiologico, come vedremo meglio nel capitolo.

Eppure: se fai una cosa sbagliata ne paghi le conseguenze. Niente di più inefficace.

Lorenzo, 16 anni

> I miei genitori sono abbastanza pacati, mi puniscono poco. Il mese scorso però ho portato a casa la pagella e il profitto non era dei migliori, così mi hanno tolto le uscite e il telefono. La punizione non mi pesa molto, in fondo gli amici li vedo in altre situazioni e il telefono non è indispensabile, riesco a vivere lo stesso. Diverso è se mi tolgono il calcio: sinceramente è l'unica cosa che mi dà soddisfazioni e mi urta non praticarlo, soprattutto dopo undici anni che ci gioco.

Le punizioni stabilite dai genitori come conseguenza del basso profitto non turbano molto Lorenzo. Toccargli il calcio sarebbe stato molto peggio. Ma avrebbe funzionato? Lui stesso individua nello sport la sua unica fonte di soddisfazioni personali e probabilmente privarlo di quello non avrebbe ottenuto altra conseguenza che rafforzare il suo atteggiamento negativo nei confronti della scuola, vissuta come poco gratificante.

Eppure alcuni esperti sostengono con forza questo mito, nella convinzione che "colpire dove fa più male" sia la cosa più efficace. Richard Bromfield, psicoterapeuta e membro dell'Harvard Medical School, descrive così il suo metodo per "sviziare" i figli:

> Probabilmente, per 'colpire e terrorizzare' il bambino tecnologico, vi dovrete impossessare di tutto il suo armamentario elettronico. Il che ci porta a un punto critico: il processo di sviziamento può costarvi davvero tanto lavoro. Potreste dover scollegare e rimuovere diverse apparecchiature. Potreste dover imparare a gestire un bambino che non ha idea di come tenersi occupato senza ammennicoli tecnologici. Ricordatevi però che il prezzo da pagare per risolvere questi piccoli problemi è molto basso rispetto al vantaggio che otterrete quando vostro figlio non sarà più viziato.[4]

Davvero funziona così? L'impressione è che, più che di un suggerimento punitivo volto a modificare il comportamento dei figli, si tratti di un approccio che strizza l'occhio alle azioni eclatanti degli adulti, in particolar modo quelle di natura emotiva, di quei genitori che non sono riusciti a organizzare l'educazione in modo efficace e si ritrovano con figli ingestibili.

3. CHI SBAGLIA PAGA!

Il terzo mito che sostiene alcune modalità punitive è quello della giustizia: la giustizia va fatta rispettare. Il ragionamento che spinge alla punizione attiene alla legalità. "Cosa paga mio figlio se fa la cosa sbagliata? Se non paga, non capisce che ha sbagliato."

In questo caso si scatena un meccanismo di regolazione del comportamento basato sul presupposto che

> le regole saranno rispettate
> solo se si riesce a creare
> una certa paura di essere puniti.

Non commento la questione dal punto di vista etico e giuridico, mi limito a osservare che, sul fronte educativo, anche questa convinzione si fonda su un equivoco psicoevolutivo: qual è il senso di giustizia di un bambino o di un ragazzo? Siamo sicuri che sia uguale a quello di un adulto?

> Il nostro compito è aiutarli a imparare,
> ma siamo certi che impareranno
> attraverso la mortificazione?

Le testimonianze dirette dei figli ci offrono una visione davvero problematica, antitetica a questa convinzione.

Monica, 10 anni

I miei genitori mi puniscono: mia mamma mi toglie la Wii, o il tablet, per una settimana, mio padre il computer. Solitamente, anche se sono separati, intervengono tutti e due per punirmi. Io devo dire che queste punizioni mi piacciono... ma non sono giuste.

Giulia, 10 anni

I miei genitori (secondo me) a volte non mi capiscono, o forse sono solo io che lo penso. Mi puniscono in base a cosa ho fatto; ad esempio se li ho fatti solo un pochino arrabbiare mi sgridano e basta. Se invece ho fatto qualcosa di grave mi tolgono i videogiochi, di solito per una o due settimane, a seconda di quello che ho fatto. Altre volte non mi fanno neanche uscire con le mie amiche, a mio fratello hanno pure vietato di invitare gli amici a casa nostra, ed è durata almeno una settimana. Quella volta gli hanno preso il cellulare, tolto il computer, internet... ma dipende sempre da cosa hai combinato.

Forse succederà anche a me.

Ora siamo abbastanza grandi per capire i nostri errori. A volte mamma e papà si arrabbiano quando secondo me non ho fatto niente, oppure volevo solo scherzare. Alcune volte le punizioni non le trovo tanto giuste, ma alla fine non hanno mai esagerato tanto.

Come si evince dalle testimonianze dei figli, il loro senso di giustizia è profondamente diverso da quello degli adulti.

Non essendoci una sintonia tra il concetto di giustizia dei figli e quello dei genitori, appare difficile che la punizione sia efficace, perché il processo di interiorizzazione, a quel punto, si annulla. È più probabile che il figlio percepisca solo l'inadeguatezza dell'intervento adulto.

È un problema psicoevolutivo. In questa prospettiva i bambini, specie fino a 6 anni, colgono l'intervento adulto non a partire dalla logica di aver infranto una serie di regole e presupposti condivisi, ma come qualcosa che li sovrasta, più o meno inutilmente. Quindi l'equità non è garantita e

> i figli faticano a interiorizzare
> le motivazioni di un intervento
> percepito come arbitrario,

o comunque relativo a una giustizia che appartiene solo al mondo degli adulti.

4. SE LI PUNISCI SONO CONTENTI ANCHE LORO!

Il quarto mito è propriamente psicologico:

> la punizione libera dai sensi di colpa.

È un mito antico che mantiene ancora la sua freschezza, e che si fonda sull'idea che nei momenti di tensione, agire liberi dall'ansia reciproca ristabilisca la tranquillità, contribuendo a eliminare il senso di colpa che si genera nei figli quando sbagliano.

Risale alle teorie psicanalitiche classiche relative alla reazione terapeutica negativa. Scriveva Sigmund Freud:

> “Vi sono persone le quali si comportano durante il lavoro analitico in un modo tutto particolare. Quando si dà loro speranza, quando ci si dimostra soddisfatti del modo come il trattamento procede, sembrano scontente, e invariabilmente il loro stato peggiora. [...] Non vi è dubbio che in questi pazienti qualche cosa si oppone alla guarigione, e che l'approssimarsi di quest'ultima è da essi temuto come un pericolo. Si dice che in queste persone non la volontà di guarire ha il sopravvento, ma il bisogno della malattia. [...] Si giunge alla fine alla persuasione che si tratta di un fattore per così dire 'morale': di un senso di colpa che trova il proprio soddisfacimento nell'essere ammalato, e che non vuol rinunciare alla punizione della sofferenza.[5]”

In questo senso il quarto mito afferma che la punizione interverrebbe come uno scarico pulsionale, con la funzione di sgravare i bambini da una sorta di interiorizzazione negativa che li porterebbe a sviluppare profondi sensi di colpa.

> Parte dal presupposto che bambini e ragazzi siano in grado di rendersi conto di aver sbagliato, dunque vedano la necessità di un intervento adulto che, attraverso la punizione, metta tutto a posto

impedendo di sviluppare il senso di colpa per aver provocato, con le proprie azioni, sofferenza nei genitori.

Può anche darsi che questa teoria potesse funzionare in passato, in epoche profondamente autoritarie. Al giorno d'oggi, per fortuna, i figli sono più liberi da questi retaggi, e non sembra in alcun modo necessario attribuire loro il bisogno di uno scarico pulsionale di questo tipo.

Asha Phillips nel suo famoso libro *I no che aiutano a crescere*, afferma:

> Sono convinta che, in alcune occasioni, per bloccare una *escalation* di emozioni e di conflitti, uno sculaccione possa essere preferibile a una lunga ramanzina.[6]

Mi sembra che questa convinzione derivi appunto dall'idea che in alcuni casi le punizioni servano a bloccare uno stato di tensione eccessiva, favorendo la distensione e la comprensione del comportamento errato.

Io credo, invece, che nei figli, siano essi bambini o ragazzi, prevalga piuttosto un senso di spaesamento di fronte a un genitore di norma affettivo e disponibile nei loro confronti che poi improvvisamente, anche sull'onda dell'emotività, scatena una reazione punitiva.

Leggiamo come un adolescente spiega questa convinzione genitoriale:

Saber, 14 anni

I miei genitori mi puniscono sequestrandomi il cellulare e la console per i videogiochi, o costringendomi ad aiutarli nei lavori di casa. Secondo loro queste punizioni mi aiutano ad avere più disciplina e autocontrollo.

Curioso che il ragazzo non dica se, almeno su di lui, il metodo funziona!

5. DEVE CAPIRE CHI COMANDA!

Il quinto mito riguarda la convinzione dell'importanza che i figli sappiano chi comanda, questione che sembra necessaria per definire la relazione tra genitori e figli. In realtà sappiamo che l'autorevolezza è qualcosa che si ottiene all'interno di una buona organizzazione educativa, grazie alla capacità di far funzionare il rapporto con i figli e di gestire bene le proprie emozioni.

Comandare per comandare rispecchia una logica centrata esclusivamente sul potere, ma

> il potere è già presente nel rapporto genitori-figli: non si tratta di rafforzarlo ulteriormente con dispositivi punitivi, ma di utilizzarlo bene all'interno della relazione.

Se un bambino di 9 mesi fa cadere da un seggiolone le posate per terra, non ha senso cercare di dimostrargli chi comanda avanzando la richiesta intimidatoria di non farlo più. Il bambino è troppo piccolo: per lui è solo un gioco, è musica, e tra l'altro è divertito dalla reazione dei genitori.

Chiariamo un aspetto importante:

> il codice del comando
> non è un codice pedagogico.

È presumibilmente un retaggio di una vecchia cultura militare, probabilmente superata ormai anche dall'esercito. Una cultura arcaica, in cui, a prescindere dal buon senso, chi comanda, comanda, e chi obbedisce deve semplicemente obbedire. Se non funziona più tra i soldati penso che non possa essere nemmeno presa in considerazione nell'ambiente educativo.

Simone, 9 anni

Quando mi puniscono io mi sento male e piango. Mi sembra che mi mancano di rispetto se non mi mandano a calcio. Poi quando facciamo la pace a me mi viene da ridere.

I figli come Simone, avvertono giustamente che neanche gli adulti credono all'obbedienza cieca.

Piangendo, il bambino ottiene di far cambiare idea ai genitori, probabilmente poco convinti anche loro. Tanto vale usare altri metodi fin da subito.

6. GLI FA BENE PROVARE UN PO' DI PAURA!

L'ultimo mito afferma che

> senza il timore della punizione,
> non si ottiene il rispetto.

Anche questo è un tema molto antico, che in qualche modo si è perpetuato nella logica in base alla quale, secondo alcuni, i bambini imparano se provano paura. La paura di essere privati di qualcosa, di subire un'azione che li spogli del loro valore o che li spaventi. Come se la punizione scatenasse una sensazione emotiva molto forte, in grado di indurre un comportamento adeguato.

È una visione particolarmente pessimistica della natura di bambini e ragazzi, che si trascina dalla notte dei tempi e che le conoscenze attuali sullo sviluppo psicofisico infantile e adolescenziale svuotano di senso e fondamento. Non c'è più alcun motivo di pensare che i figli vogliano mettere i bastoni tra le ruote ai genitori, che facciano apposta a disubbidire, provocare, fare capricci, non rispettare le regole. Lo ribadisco: non è nel loro interesse e neanche nella loro natura; si fidano profondamente degli adulti che hanno cura e responsabilità della loro crescita.

Permane in questo mito un imprinting culturale che spinge verso una visione faticosa del rapporto fra genitori e figli; un senso di incombenza negativo che esclude il riconoscimento delle risorse e delle capacità infantili. Priva il rapporto genitori-figli della fondamentale fiducia e non coglie la dinamica di affidamento profondo che muove i figli nei confronti dei genitori.

Non c'è più alcun bisogno di pensare, neanche nel retro della propria immaginazione, che un figlio sia in grado di comportarsi in modo corretto solo se si sente minacciato con le punizioni. A tal proposito trovo prezioso il commento che segue.

Marta, 13 anni

I miei non mi hanno mai punito e io penso che sia sbagliato farlo. Penso che ci siano altri modi, per i genitori, per far capire un certo comportamento sbagliato assunto dai figli.

Splendida la frase di questa tredicenne in grado, alla sua età, di guardare con più distacco al comportamento dei genitori. Ci sono altri metodi. Le punizioni non sono necessarie. Anzi rischiano di creare un pericoloso effetto domino circolare:

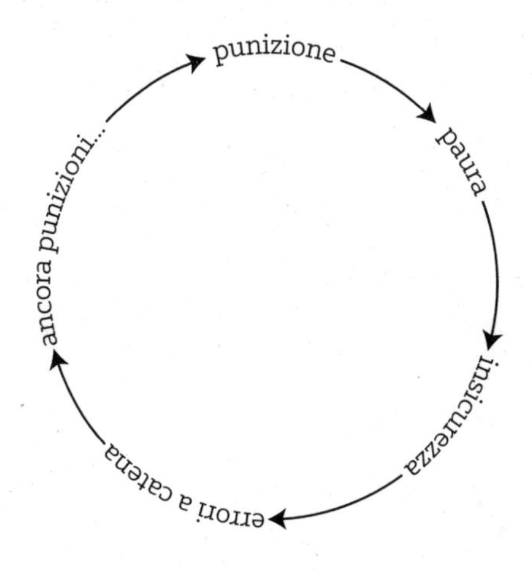

Uscire da questo giro del criceto fa solo bene. Ai figli e ai genitori.

SECONDA PARTE

EDUCARE BENE È POSSIBILE

2

6

EDUCARE EVITANDO LE TRAPPOLE EMOTIVE

C'era, alla periferia della minuscola città, un vecchio giardino in rovina;
nel giardino c'era una vecchia casa, e nella casa abitava Pippi Calzelunghe.
Aveva nove anni e se ne stava lì sola soletta: non aveva né mamma né papà,
e in fin dei conti questo non era poi così terribile se si pensa che così
nessuno poteva dirle di andare a dormire
o propinarle l'olio di fegato di merluzzo
quando invece lei avrebbe desiderato delle caramelle.
A. LINDGREN, *Pippi Calzelunghe*

LA DIFFICOLTÀ A SINTONIZZARSI CON L'ETÀ DEI FIGLI

Trovare un nuovo stile educativo efficace, privo di scontri frontali, dimostrazioni di forza e metodi mortificanti, è possibile.

Da cosa partiamo?[1]

Prima di tutto è necessario capire con chi abbiamo a che fare.

Le conoscenze che ai nostri giorni abbiamo a disposizione sui processi, anche fisiologici, di crescita e apprendimento dei bambini e dei ragazzi sono enormi. Allo stesso tempo le problematiche nel comprendere l'universo infantile e adolescenziale sono state ampiamente studiate e accomunano tutti gli adulti.

Purtroppo è più semplice capire i figli sul piano della sensazione e della percezione emotiva, piuttosto che nelle loro componenti psicoevolutive, cognitive e di effettiva crescita. È più semplice cogliere la rabbia di un bambino di 2 anni, che i motivi di questa rabbia in relazione alla sua età. È più semplice sentire la paura di crescere di un'adolescente di 13 anni, che accettare questa paura come un passaggio inevitabile della vita. Questo ci induce spesso a decontestualizzare le emozioni che i figli ci trasmettono e quindi, se il nostro piccolo di 2 anni è aggressivo, ne cogliamo solo il comportamento, senza metterlo in relazione alle difficoltà di gestione emotiva dell'età; e se la nostra tredicenne cerca con varie strategie di sfuggirci, tendiamo a notare solo la sua elusività, senza collegarla al necessario bisogno evolutivo di schiodarsi dal nostro stesso controllo.

Prima, quindi, di prendere decisioni azzardate, ricorrendo a punizioni immediate, è sempre buona cosa chiedersi: cosa caratterizza l'età di mio figlio? Quali sono i tratti tipici della sua fase evolutiva?

> Bisogna evitare di banalizzare, di buttarla sul carattere e la personalità: «Ho una bambina difficile...», «Mio figlio ha un caratterino...!», «È... strano. Non pensavo che crescesse così... particolare!».

Certo: ogni persona ha le proprie peculiarità e ogni esistenza è diversa. Però la natura non fa salti così sensazionali e alcune componenti del percorso psicoevolutivo sono comuni.

Prendiamo ad esempio il gioco: tutti i bambini vogliono giocare, ne hanno bisogno, e un bambino che non gioca per un mese ne risente in termini di salute psichica. Possono differenziarsi nel modo in cui lo fanno ma l'esigenza ludica è comune a tutta l'infanzia.

Oppure consideriamo la necessità di muoversi: i bambini non stanno mai fermi, saltano, non camminano ma corrono. Questo non succede ai ragazzi o agli adulti. Un adulto non passa da un ufficio all'altro a passo svelto, a meno che non abbia un'emergenza, mentre i bambini si spostano da una stanza all'altra di corsa, non stanno fermi a tavola, si rotolano sul divano. Specialmente tra i 2 e i 7 anni sono sempre in una tensione dinamica dal punto di vista motorio, come se avessero bisogno di attraversare l'aria con il corpo e percepire questo attraversamento veloce; come se correre fosse un'esperienza sensoriale particolare che in età adulta cambia completamente. I grandi in genere sono posati, sanno passeggiare, tenere un certo passo, mentre, come sanno tutti i genitori, fare una camminata con un bambino comporta il fermarsi di continuo, lo scattare dietro le sue corse interminabili, l'incespicare nei suoi cambi improvvisi di direzione, una certa attenzione nel controllarne i movimenti. È compito dell'adulto interagire con questa tendenza in modo costruttivo, senza che passeggiare per strada si trasformi in uno stress continuo o in un pericolo.

PRENDERE TEMPO ED EVITARE LE REAZIONI EMOTIVE

L'arte educativa sta nella capacità di gestire le istanze naturali dei nostri figli, e integrarle in un processo progressivo di adattamento attraverso il quale possano interiorizzare le norme sociali che consentono loro di diventare autonomi e imparare a stare al mondo. Più questo processo è fluido, meno interferito da minacce, urla o punizioni, più l'interiorizzazione avviene in maniera positiva, rafforzando l'autostima dei bambini. I genitori sono sempre preoccupati per l'autostima dei propri figli, ma questa si crea se impariamo a riconoscere le caratteristiche e le competenze che corrispondono alla loro età, senza forzare né ritardare il loro processo evolutivo.

Un bambino di 2 anni non può vestirsi da solo, però a 3 può senz'altro cominciare a farlo; a 1 anno non può lavarsi i denti in autonomia, ma se inizia a 2, magari a 3 ci riesce anche bene; un ragazzo di 12 anni non può stare in piedi fino a mezzanotte tutte le sere, ma può pensare di uscire da solo il pomeriggio per incontrare gli amici al parco o in centro.

> Ogni età ha le sue tappe e riconoscerle è importante per evitare di pretendere o negare qualcosa che la natura ancora non concede o, al contrario, già permette ai nostri figli.

Ricordo una coppia di genitori rivoltasi a me per il figlio di 9 anni. Il bambino andava piuttosto male a scuola e le insegnanti segnalavano un comportamento problematico: dava fastidio, prendeva spesso note. E i genitori confermavano che anche a casa era piuttosto nervoso, intemperante, sempre un po' agitato, oppositivo. Erano molto preoccupati, ma quando chiedevo esempi concreti della sua cattiva condotta facevano fatica a fornirmene. A un certo punto il padre sbottò: «Senta dottore, probabilmente deve essere entrato in preadolescenza!», quasi per suggerirmi una soluzione del problema con una definizione tecnica. Ricordo di averlo guardato con una certa meraviglia, chiedendogli dove aveva recuperato una simile informazione, chiarendo che in quarta elementare siamo in piena infanzia, in particolare i maschi, e che la preadolescenza non avrebbe iniziato a manifestarsi prima di un paio di anni buoni.

Non so se riuscii a convincere quel padre, ma ho ben presente l'episodio perché mi capita spesso di incontrare genitori che, per spiegarsi la difficoltà a gestire i figli, si convincono che sia arrivata l'adolescenza, anche diversi anni prima dell'effettiva possibilità neurofisiologica. Tendono a confondere un comportamento e, in alcuni casi, un linguaggio piuttosto colorito, di fatto tipico dell'età adolescenziale che magari i bambini acquisiscono sentendolo da altri, con la realtà psicoevolutiva, che non può fare eccessivi salti da una generazione all'altra.

Capita poi che i presunti preadolescenti dormano ancora nel lettone, abbiano bisogno dell'assistenza materna per lavarsi e non siano in grado di prepararsi da soli lo zaino scolastico. È chiaro che la confusione è molta.

Mi scrive Carmen, mamma di Giovanni, 2 anni e 4 mesi:

> Ho un bambino che da almeno un anno morde, soprattutto me e il papà (ma è capitato anche con i nonni e un cuginetto, un paio di volte) quando ha delle emozioni incontenibili dentro di sé, che siano belle o brutte. Inizialmente lo accettavamo, pensavamo che questa brutta abitudine potesse passare in tempi più brevi, inoltre Giovanni aveva meno denti di adesso quindi faceva meno male. Poi sono iniziati i dubbi sul perché lo facesse e i giudizi invadenti da parte dei nonni su come correggere questo comportamento sbagliato (nonché preoccupazioni del tipo: "E se quando andrà all'asilo morderà i compagni?").

Il comportamento del bambino di Carmen presenta caratteristiche estremamente tipiche dell'età, lo spiega bene Alberto Oliverio:

> “Al di sotto dei 5-6 anni il bambino ha difficoltà a controllare i propri impulsi: può avere delle paure incontrollate, può urlare per divertirsi, fare smorfie inappropriate, vuole mangiare subito ciò che gli piace, come una caramella, fa capricci per ottenerlo, si diverte a dire parolacce, soprattutto legate alle funzioni corporee. Molto spesso i genitori ritengono che un bambino di 3-4 anni sia in grado di padroneggiare le proprie emozioni e di controllare i propri impulsi: se ciò non avviene perdono spesso la pazienza, ignorando che è ancora troppo piccolo per essere ragionevole e adeguarsi alle loro indicazioni e inviti alla calma. A questa età il bambino può avere ancora delle crisi che

spaventano o lasciano interdetti i genitori: lancia degli oggetti, si rotola per terra, picchia, morde e graffia le persone, può sbattere la testa contro il muro. Quando il bambino si calma, in genere l'adulto lo sgrida per spiegargli quanto sia stato improprio il suo comportamento, ma il bambino resta generalmente sconcertato e non presta ascolto.[2] ”

Continua Carmen:

Ogni tanto mi rendo conto che lo faccio sentire in colpa quando gli chiedo perché mi ha morso, e anche il papà fa lo stesso, anzi a volte aggiunge un atteggiamento che mi infastidisce molto, tra il fatalista, il remissivo, l'autocommiserante e l'educatore assenteista: si guarda il morso al braccio, lo mostra a Giovanni, alza gli occhi al cielo e sospira; oppure mentre Giovanni lo sta mordendo lo sgrida con un tono di voce e una veemenza eccessivi, inadeguati e poco contenitivi, al limite dell'esibizionista. «Giovanni, Giovanni cosa stai facendo...» gli urla sgranando gli occhi.

Devo dire che di recente capita che Giovanni si avventi su di me ma non mi morda: spalanca la bocca ma non affonda i denti, in una specie di abbraccio "orale". Un'ultima cosa: quando mi si fionda addosso cerco di non bloccarlo a priori, perché non posso essere certa che voglia mordermi e non mi sembra giusto mortificarlo per una cosa che non è intenzionato a fare, non in quell'occasione almeno.

Sia io sia il suo papà cerchiamo di essere genitori attenti e consapevoli, però mi sto rendendo conto degli innumerevoli errori che continuiamo a commettere con nostro figlio.

A tal riguardo è particolarmente interessante il commento di Isabelle Filliozat, la psicoterapeuta francese di fama internazionale, che scrive:

> Un bambino è un bambino, non si sa ancora esprimere in modo adeguato. Il ruolo del genitore è proprio quello di aiutarlo a usare le parole appropriate e non di gareggiare con lui sul piano emotivo. È naturale che le emozioni dei bambini siano prioritarie rispetto a quelle dei genitori che sono in grado di controllare i loro impulsi.[3]

In realtà Carmen sembra capire che il comportamento di Giovanni non è consapevolmente oppositivo, ma segue una sorta di corrente emotiva incontrollabile. Fatica a farsene una ragione e a ricondurre il comportamento di suo figlio entro una cornice accettabile. Questo la porta ad attribuire ai morsi del bambino un peso che non hanno: non coglie il senso della fase evolutiva e non riesce a fare le due o tre mosse giuste che potrebbero contenerlo.

> Non è facile per i genitori sottrarsi alla trappola emotiva della reazione immediata, che scatta per la sorpresa e lo sconcerto che suscitano i comportamenti dei figli.

Per questo è necessario darsi il tempo per capire cosa sta succedendo e in particolar modo per sintonizzarci con la loro età, altrimenti il pasticcio è inevitabile, e spesso seguito da magoni e sensi di colpa per aver fatto un intervento sbagliato o improprio.

Sentiamo un'altra mamma.

Ombretta, mamma di Martino, 6 anni

Martino è un bambino di quasi 6 anni e frequenta la prima elementare. A scuola non ha nessun problema, ma a casa... un capriccio continuo da quando apre gli occhi la mattina per lavarsi i denti e vestirsi, fino al momento di andare a letto.

Ma forse la colpa è mia. Dopo avergli detto cinque o sei volte la stessa cosa... inizio a urlare. L'approccio che ha Martino nei miei confronti è sempre quello del «no!». Ultimamente ha iniziato a fare cose incredibili (ad esempio ha sputato a un bambino) e trascorre la maggior parte del tempo in castigo. Non credo che sia un bene punirlo, ma un susseguirsi di episodi come quello che ho citato mi hanno portato a questa decisione estrema.

Martino è un bambino che fuori dalle mura domestiche è indipendente, mentre a casa è lento e alla continua ricerca di aiuto, anche per fare cose che è perfettamente in grado di fare in autonomia. E la cosa sta diventando un grandissimo problema anche nel rapporto tra me e mio marito e tra padre e figlio.

Tentando di spronarlo, una volta mi sono sentita rispondere: «Mamma, abbi pazienza!».

I maggiori momenti di attrito li abbiamo perché non saluta, non sta composto a tavola, perché non vuole mai fare i compiti, perché si distrae di continuo. Mi incolpa di farlo piangere e a volte sembra che mi odii.

Se provo ad assecondarlo su alcune cose, comunque la sua reazione è negativa. Ad esempio gli dico che dobbiamo fare i compiti. Se lui dice che non vuole farli e io gli dico che va bene... allora lui si mette a piangere, e grida che vuole fare i compiti!

> Può darmi qualche consiglio? Sono confusa, demotivata e amareggiata. Martino mi fa sentire una mamma sbagliata.
>
> Quando va sgridato un bambino? In che modo bisogna parlargli? Quando è utile il castigo?

Nel caso di Ombretta il conflitto è sulla lentezza. A Ombretta sfugge che

> il tempo infantile ha una dimensione completamente diversa da quello dell'adulto.

Suo figlio, che come tutti i bambini è protettivo nei confronti dei genitori, cerca di aiutarla esortandola ad avere pazienza, ma il giudizio di Ombretta non cambia e questa mamma va incontro al suo destino: finisce dentro un vortice di reazioni e controreazioni, di batti e ribatti, di spiegazioni incomprensibili per un seienne, di richieste di ascolto prive di alcun esito. Alla fine, la domanda: «Quando è utile un castigo?». Come dicevo in apertura del libro dobbiamo imparare a farci le domande giuste, e questa non lo è.

> Mettere in punizione un bambino confuso perché i suoi tempi non sono capiti, perché gli si fanno discorsi troppo difficili e spesso ondivaghi, è inutile e inefficace.

Martino non ha chiaro quello che i genitori gli stanno chiedendo. Se papà e mamma fanno le mosse giuste, il comportamento dei bambini si modifica naturalmente e le punizioni non servono più. Insistere con i castighi è l'unica mossa davvero controproducente.

Anche il racconto di un'altra mamma è interessante.

Paola, mamma di Margherita, 18 mesi

Mia figlia, carattere molto indipendente ed estremamente sveglia, è una bambina deliziosa ma anche una che tiene testa ai richiami e alle negazioni. Premetto che l'uso dei no è legato alle situazioni di pericolo oggettivo e a cose che non vanno proprio fatte nel rispetto di grandi e piccini vicino a lei. Per il resto la lascio molto libera di giocare, sperimentare e scoprire anche a rischio di qualche capitombolo. Purtroppo... ho la miccia della pazienza piuttosto corta quando a tavola, sebbene stia seduta al suo posto, gioca con il cibo o lancia a terra di tutto, facendolo di proposito dopo che le ho detto di non buttare a terra piatto e bicchiere. La sua sembra una sfida. A volte perdo la pazienza e la sgrido, non ottenendo alcun risultato ovviamente, ma a titolo di sfogo personale, credo. Cerco sempre un diversivo, una scappatoia per portarla con rispetto ed educazione dove "credo" sia giusto per lei, ma cado ogni tanto nell'errore di perdere le staffe. Non ho paura di dire no o impormi con decisione quando serve, perché so che è per il suo bene, ma ho il terrore di scattare perché purtroppo a volte mi accade e vorrei evitarlo in ogni modo.

Guarda caso al nido non mostra alcun tipo di problema e le maestre la lodano sempre. Come posso diventare più paziente?

Tra la mamma e la bambina è venuto a crearsi un cortocircuito emotivo. Sgridandola, perdendo le staffe, Paola non riesce più a interagire serenamente con la figlia anche perché teme le sue stesse reazioni. Siamo nel cuore della trappola emotiva, di quell'impulso a fare a tutti i costi qualcosa, come se l'aspettare, l'osservare un bambino di 18 mesi, prendere tempo, dare tempo, fosse un problema. Come se rispettare l'immaturità propria dell'età infantile fosse un problema. Non è un problema, è la cosa giusta: tratteniamo la tendenza interventista e perfezionista, dribbliamo la trappola emotiva del genitore che vuole ottenere immediatamente che il figlio risponda a tutti i suoi requisiti.

Nel caso di Paola il fatto che al nido sua figlia si comporti bene dimostra che i processi di adattamento stanno andando perfettamente, e che quindi non ha alcun motivo di agitarsi.

ACCETTARE LA NATURA, EVITARE LA PERFEZIONE

Esistono numerose ricerche scientifiche sul funzionamento psicoevolutivo di bambini e adolescenti, che continuano a riscontrare in particolar modo l'immaturità cerebrale di bambini e ragazzi: sbagliare, non riuscire a gestire le emozioni, pensare e sentire in modo diverso, vivere in un mondo caratterizzato da altre dinamiche ed esperienze non è una colpa, ma un processo del tutto naturale. Accettiamolo in quanto tale e smettiamola di cercare di crescere dei figli perfetti provando a essere genitori perfetti. Opporsi alla natura è inutile e rischioso: più riusciamo a informarci, a mantenere le distanze, a non drammatizzare, più diventa possibile organizzarci adeguatamente.

Come spiega in modo molto chiaro Alberto Oliverio:

> “Le ricerche effettuate in ragazzi tra i 12 e i 20 anni dimostrano che la corteccia frontale, da cui dipendono la pianificazione e l'organizzazione di molti comportamenti, la regolazione dell'emotività e l'inibizione di risposte 'non appropriate', matura molto più lenta-

mente di altre aree della corteccia cerebrale. Nella corteccia frontale di un adolescente esistono infatti numerose 'chiazze' corticali in cui si verifica una progressiva riduzione della densità della sostanza grigia (i neuroni) e un aumento di quella bianca, costituita, anziché da neuroni, da fibre nervose rivestite di mielina. Rispetto al cervello di un adulto, vale a dire di un giovane di 25-30 anni, molte aree della corteccia vanno incontro a trasformazioni che 'diluiscono' le cellule nervose in un crescente ammasso di fibre che assicurano collegamenti sempre più ricchi. Questi nuovi dati sottolineano il peso della biologia e dimostrano come la maturazione di alcune aree della corteccia frontale sia essenziale per assicurare una pienezza cognitiva, emotiva e anche morale. [...] In generale, maturano più precocemente quelle aree da cui dipende la decodificazione delle sensazioni (uditive, visive eccetera) o la produzione di movimenti (attività senso-motorie) che quelle da cui dipendono le funzioni cognitive come la corteccia frontale e prefrontale: ciò spiega le diverse tappe di maturazione di un bambino piccolo e il suo passaggio attraverso stadi diversi che lo portano inizialmente a percepire la realtà e poi a rappresentarla in modo sempre più ricco e astratto.[4] ”

I bambini e i ragazzi non sbagliano,
hanno realisticamente bisogno di imparare a vivere,
di imparare ciò che non conoscono.
Si tratta di un deficit di apprendimento piuttosto
che di una volontà oppositiva su cui intervenire
con modalità punitive.

Curiosa la testimonianza di un adolescente che arriva a pensare che sua madre sia "tonta", percependola come incapace di cogliere le vere caratteristiche della sua età.

Carlo, 13 anni

Litigo spesso con mia mamma e ci rispondiamo male a vicenda. È tonta perché quando cerco di farle capire quello che penso, sembra che si disconnette e devo ripeterle le cose come con quelli di 90 anni che non sentono bene. Quando voglio fare le cose che piacciono a me, mi tratta come un bambino di 6 anni, invece se devo fare qualcosa per lei mi dà le stesse responsabilità di uno di 18 anni. I miei genitori pretendono che io sappia già fare certe cose, mi costringono a farle e si arrabbiano pure se non ci riesco. Loro, però, invece di starsene stravaccati sul divano, potrebbero prima spiegarmele.

Entriamo nel vivo del lavoro con un test che troverete alle pagine successive, per capire meglio qual è il vostro punto di partenza.

IL TEST

COSA FACCIO IN QUESTA SITUAZIONE?*

INFANZIA

1) Mentre la sorella di 3 anni è dai nonni, Marco, 6 anni, prende un suo giocattolo senza che nessuno se ne accorga. Ci gioca qualche minuto e lo rompe.
Cosa fai?

A Introduci una regola sull'uso dei loro giochi

B Lo punisci così non lo rifà una prossima volta

C Gli spieghi che non si rompono i giocattoli della sorella

2) Mauro, 4 anni, ha preso le forbici dal cassetto e ha tagliuzzato un giornale che serviva in famiglia.
Cosa fai?

A Lo punisci togliendogli la tv per una settimana

B Gli spieghi che non deve tagliare i giornali dei grandi

C Metti i giornali che ti servono in un posto non accessibile al bambino

3) Sonia, 9 anni, si appropria di nascosto del rossetto della mamma e se lo mette a scuola.
Cosa fai?

A Le cambi scuola e la tieni a casa per un mese al pomeriggio

B Parli alla bambina della femminilità e di come ci si comporta adeguatamente

C Metti i tuoi prodotti di bellezza dove tua figlia non possa prenderli

* *Questo test non ha valore scientifico ma solo una funzione di autoconoscenza.*

PREADOLESCENZA E ADOLESCENZA

1) Giorgio, 12 anni, ha dei comportamenti strani. Scopri che usa il suo smartphone per accedere a siti porno.
Cosa fai?

A Lo affronti e gli fai un discorso molto serio e approfondito sulla sessualità

B Gli sequestri lo smartphone e gli impedisci di uscire per un mese

C Imponi delle regole sull'uso dei dispositivi digitali

2) Hai scoperto che tua figlia, 14 anni appena compiuti, è andata in piscina su un'auto guidata da un diciottenne senza dirtelo.
Cosa fai?

A Le ricordi che deve chiedere il permesso dei genitori per autorizzazioni di questo tipo

B Ti arrabbi e le proibisci di uscire per una settimana

C Le spieghi che è molto pericoloso andare in auto con chi ha appena preso la patente

3) Samuel, 15 anni, torna a casa un'ora dopo l'accordo preso, e non vuole dare giustificazioni.
Cosa fai?

A Gli dici che l'orario stabilito era un altro e che la prossima volta dovrà rispettarlo

B Lo mandi a letto dicendogli che è inaffidabile e che non uscirà più per tutta la settimana

C Gli dici più volte che deve ascoltarti e che ai genitori bisogna portare rispetto

PUNTEGGI

Infanzia 1	Infanzia 2	Infanzia 3
a. 2 punti	a. 0 punti	a. 0 punti
b. 0 punti	b. 1 punto	b. 1 punto
c. 1 punto	c. 2 punti	c. 2 punti

Preadolescenza e adolescenza 1	Preadolescenza e adolescenza 2	Preadolescenza e adolescenza 3
a. 1 punto	a. 2 punti	a. 2 punti
b. 0 punti	b. 0 punti	b. 0 punti
c. 2 punti	c. 1 punto	c. 1 punto

RISULTATI

Da 2 a 0 punti: C'è molto da fare! Ma non disperare e leggi con attenzione le prossime pagine.

Da 7 a 3 punti: Puoi migliorare. Le trappole emotive tendono ancora ad avere la meglio su di te.

Da 9 a 8 punti: Sei sulla buona strada. Non mollare!

Da 12 a 10 punti: Eccellente. Sei un genitore sintonizzato con le esigenze e le caratteristiche dell'età dei tuoi figli. La lettura di questo libro rafforzerà la tua sicurezza.

7

IL PENSIERO INFANTILE: CONCRETO, MAGICO, MOTORIO

Durante l'infanzia l'ultimo pensiero, prima di dormire,
era che prima o poi sarei riuscito a trovare un uovo di garofano e solo allora,
finalmente, i miei sogni si sarebbero avverati.
L'uovo magico, mi avevano spiegato,
avrei potuto trovarlo accanto a una qualsiasi pianticella di garofano,
purché riuscissi a fissare il fiore insieme al sole che tramontava. Nello stesso
istante. Allora, non appena la luce fosse svanita oltre l'orizzonte,
cercando bene tra le foglie sottili,
avrei visto un uovo minuscolo come un grano di polvere,
ma perfettamente liscio e bianco.
Avrei dovuto prenderlo con la massima delicatezza
e metterlo di notte sotto il cuscino:
i sogni si sarebbero avverati.
L'uovo di garofano non invecchiava mai
e il suo potere sarebbe durato per tutta la vita forse più.
S. AGOSTI, *Uova di garofano*

L'IMMATURITÀ DEI BAMBINI È UN ENORME VANTAGGIO

Cosa devono sapere i genitori per riuscire a organizzare adeguatamente l'educazione dei bambini ed evitare le punizioni inutili? Prima di tutto serve la consapevolezza che l'immaturità dei bambini è, in realtà, un enorme vantaggio.

Gli scienziati hanno ampiamente dimostrato che, in ordine alle capacità evolutive, la nostra si distingue dalle altre specie di primati perché il periodo in cui il cervello resta plastico, e in grado di modificarsi in funzione dell'apprendimento, è lunghissimo: si parla addirittura dei primi venticinque anni d'età. La nostra diversità dagli altri mammiferi si manifesta anche in fattori che influenzano la durata della gravidanza. Il periodo di gestazione della specie umana si è infatti notevolmente ridotto rispetto a quello degli altri "parenti" non umani (per mantenere la proporzionalità dovrebbe durare tra i 18 e i 21 mesi e non 9), ma allo stesso tempo si presenta una questione che è stata denominata "dilemma ostetrico": i cuccioli umani nascono assolutamente inermi e molto meno sviluppati di quelli degli altri mammiferi. Per decenni gli evoluzionisti si sono scervellati per cercare di comprendere come mai la nostra linea evolutiva sia andata in questa direzione. Le teorie classiche mettevano in correlazione la posizione eretta e il minor tempo di gestazione: lo stare in piedi ha reso più difficoltoso il parto e tenere il bambino in grembo per tutto quel tempo avrebbe comportato, per la femmina della specie umana, un allargamento del bacino incompatibile, o comunque svantaggioso in termini evolutivi, con la posizione eretta. In realtà, le ultime teorie sostengono che la chiave per risolvere il dilemma starebbe proprio nello sviluppo cerebrale: la nascita anticipata deriverebbe dall'esigenza di dare all'essere umano maggiori possibilità di apprendimento, come se uscendo prima dalla pancia materna potesse imparare di più; inoltre il consumo energetico del cervello umano del bambino è talmente significativo che a un certo punto entra in conflitto con il metabolismo della madre.[1]

Altri studi, infatti, confermano «che il nostro organismo non riesce a crescere velocemente quanto gli altri mammiferi a causa delle enormi risorse richieste per alimentare il cervello umano in via di sviluppo. Durante l'età prescolare, in condizioni di riposo, il cervello brucia calorie molto più dell'intero corpo, cosa che non accade negli altri primati». Christopher Kuzawa, primo autore dell'articolo, spiega: «Quando sono "cuccioli" gli esseri umani hanno molto da imparare, e l'apprendimento richiede un cervello complesso ed estremamente affamato di energia». A 4 anni il consumo energetico del cervello «arriva al valore di picco, pari a circa il 66 per cento del consumo totale dell'organismo, e contemporaneamente la crescita corporea rallenta, fino a raggiungere il suo minimo. [...]

> I risultati dunque suggeriscono che l'evoluzione abbia sancito una pausa nella crescita dei piccoli umani per liberare risorse necessarie allo sviluppo cerebrale e all'apprendimento».[2]

La prima cosa, quindi, che i genitori devono sapere è che le caratteristiche del cervello infantile sono un vantaggio dal punto di vista evolutivo:

> i bambini ci mettono tanto a imparare perché hanno un cervello meno sviluppato degli adulti, ma questo deficit di sviluppo è fondamentale per riuscire a imparare di più. La plasticità è un vantaggio.

Gli esseri umani impiegano all'incirca venticinque anni per raggiungere la capacità di utilizzare il cervello al massimo delle sue potenzialità, ma è anche vero che in seguito imparare diventa più complesso. Non bisogna quindi tentare di precorrere i tempi del percorso evolutivo.

Tendiamo a proteggere i neonati, a concedere loro tempo e ad aver pazienza, perché li vediamo fragili e incapaci di interagire con l'ambiente circostante. Ma non dobbiamo essere troppo esigenti nemmeno con i bambini e gli adolescenti, sforzandoci piuttosto di individuare il modo migliore per comprendere e valorizzare le loro potenzialità di apprendimento. Ci spazientiamo perché dobbiamo ripetere sempre le stesse cose e non capiamo come mai non ci arrivino subito. Quante volte si sentono genitori – ma spesso anche insegnanti – esasperati che sbottano: «Gliel'ho spiegato mille volte in mille modi ma proprio non lo vuole capire».

> Non è che non vuole capire: non riesce.
> Ha bisogno di tempo, forse di un approccio
> diverso o di adulti meno emotivamente coinvolti
> e più strategicamente preparati.

Pur essendo piuttosto difficile individuare le caratteristiche principali per comprendere il pensiero infantile nella sua peculiarità di funzionamento, gli elementi essenziali di cui i genitori devono tener conto nell'impostare una corretta gestione dei bambini sono fondamentalmente tre:

- il pensiero infantile è **pratico-concreto** e dotato di poca capacità di astrazione;
- è un pensiero **magico**, che si nutre di componenti estremamente diverse da quelle degli adulti;
- è un pensiero **motorio**, con una necessità organica di motricità molto particolare.

Esaminare più nel dettaglio queste caratteristiche ci può consentire di sintonizzarci meglio con il mondo infantile dei nostri figli e risultare più efficaci.

UN PENSIERO CONCRETO, IMMEDIATO, OPERATIVO

Ormai sappiamo che, a livello cerebrale, i primi anni di vita sono dominati dalle mani, dalla sensorialità tattile;

le mani corrispondono alla parte
più consistente del cervello infantile
nei primi anni.

È importante che il bambino tocchi, che abbia continui stimoli manipolativi, e che gli si lasci in tal senso una forte libertà.

Lascio immaginare la "felicità" dei genitori, perché questo estremo bisogno coincide poco con le necessità di ordine e definizione degli spazi casalinghi degli adulti e con l'esigenza di salvaguardia dei bambini. I piccoli che frequentano il nido e in seguito la scuola dell'infanzia hanno una maggior possibilità di toccare, di attivarsi, di essere stimolati tattilmente in ambienti a loro adatti e con meno proibizioni. Ciò permette al loro cervello di espandersi e di poter vivere questa dimensione in maniera più intensa.

Un'estrema concretezza comporta anche un'elevato grado di distraibilità: infatti l'attenzione nei bambini piccoli è molto limitata. Spiega Oliverio:

> L'attenzione di un bambino è di breve durata: per esempio, un piccolo di 6-7 anni comincia a distrarsi dopo appena 15 minuti, mentre un ragazzo di 15-16 anni è in grado di prestare attenzione per circa 30-45 minuti.[3]

È molto importante che i genitori considerino che il tempo infantile non è astratto, ma vissuto in termini sensoriali e operativi.

I bambini vivono nell'immediatezza,
nel qui e ora del concreto soddisfacimento
dei propri bisogni.

Non possiamo prendercela perché i nostri cinque minuti per loro durano da uno a dieci minuti, a seconda che si annoino o siano coinvolti in qualcosa. È meglio essere semplici e puntuali nelle nostre richieste e spiegazioni e progettare il tempo nel modo più flessibile possibile.

Questa concretezza si esprime in termini ludici.

> Il gioco è la matassa principale della vita infantile, l'esperienza che domina in maniera pervasiva tutti gli anni dell'infanzia.

Che sia un gioco sportivo, tipico dei 7-9 anni, un gioco di immedesimazione, come con le bambole o le macchinine, che appassiona tra i 3 e i 5 anni, che comporti un incessante spostamento di oggetti come verso i 2 anni, il portarsi tutto in bocca dei neonati, i famosi travasi che piacciono tantissimo nel secondo-terzo anno di vita o i giochi in scatola dei ragazzini, è un processo psicoevolutivo fondamentale e pregnante. Il mondo ludico infantile è un universo di attività che non hanno nessun'altra finalità, se non l'esplorazione sensoriale e fisica e il divertimento: scoprire qualcosa di nuovo che permetta di vivere la sorpresa, la curiosità, l'esperienza dell'inedito. I bambini hanno questa capacità di meravigliarsi, propria della loro plasticità neuronale, che in fondo emoziona e sorprende anche noi adulti. Un minuscolo fiorellino, un gioco di parole, un oggetto nuovo, o quello che per noi adulti è assoluta ovvietà, si trasforma in un elemento di novità incredibile, che permette ai bambini di imparare, assimilare, crescere.[4]

La concretezza del pensiero infantile nasce proprio dalla tendenza inevitabile dei bambini a dare alle informazioni sensoriali e percettive, cioè agli aspetti concreti, visibili, tangibili e manipolabili, un ruolo assoluto e primario rispetto a quelli mentali. Lo sviluppo è il processo che conduce alla differenziazione e al passaggio dalla concretezza all'astrazione, e quindi alla capacità di utilizzare concetti e idee, organizzarli, programmare, finalizzare.

Per questo motivo

> anche la morale infantile
> è molto diversa da quella adulta.

In genere l'adulto ha un senso morale in grado di cogliere la sostanza di una responsabilità o di una decisione nel complesso di un sistema più ampio che non sia semplicemente quello legato ai bisogni immediati, alle proprie necessità personali. La morale adulta è per antonomasia in grado di "volare alto", di cogliere le connessioni fra i bisogni individuali e quelli degli altri.

Non è lo stesso per i bambini. Verso i 9-10 anni comincia un'evoluzione, migliora la capacità di cogliere le ragioni morali nella loro dimensione più ampia; ma prima di quell'età non funziona così. Ne è la prova il successo dei film di Walt Disney che, basandosi proprio sul pensiero dicotomico infantile (nero/bianco, giusto/sbagliato), ha gettato le basi di un riconoscimento internazionale e duraturo. Nei suoi film è sostanzialmente impossibile trovare un cattivo che vinca.

> La giustizia infantile è immediata,
> legata a bisogni concreti.

Se mi piace il giocattolo del mio amico cerco di prenderlo; se ho un bel giocattolo faccio di tutto per tenermelo; i buoni vincono, i cattivi vanno puniti. Le componenti della legalità sono ancora molto precarie nel sistema mentale infantile. È il motivo per cui le pretese adulte di individuare i colpevoli e punirli non hanno ragion d'essere e non sortiscono effetti significativi, specialmente nei *litigi infantili*. Per questo il metodo maieutico Litigare Bene, che ho ideato nell'ambito del mio lavoro di studio e ricerca al CPP,[5] si rivela invece efficace perché invita i bambini a un confronto "fra pari", a darsi l'un l'altro la versione dei fatti evitando di infilarsi in valutazioni di colpevolezza o innocenza che non appartengono all'esperienza infantile e che invece applicano categorie adulte ad avvenimenti che non possono essere letti in questa prospettiva. Darsi la versione reciproca dei fatti non porta alla verità assoluta su quanto è accaduto. La concretezza e immediatezza dell'esperienza dei bambini impedisce e rende privo di senso questo tentativo. Aiuta però a ridurre la tensione, a riconoscere i diversi punti di vista nonché a recuperare la possibilità di tornare a giocare e a fare esperienza insieme.

Un'altra modalità di esprimersi tipicamente infantile è la *bugia*. Non possiamo dimenticare che la capacità di aderenza dei bambini alla realtà è limitata e quindi,

> quando ascoltiamo un bambino,
> dobbiamo sempre partire dal presupposto
> che quella che ci sta raccontando
> è la sua versione della realtà, non la realtà.

A volte, incaponirsi sulla pretesa che nostro figlio ci dica esattamente come sono andate le cose, "la verità", è anzi uno sforzo inutile e controproducente. Il bambino, lo vedremo anche in considerazione della seconda caratteristica del pensiero infantile, tende a ricostruire la realtà secondo dati personali, basati su una percezione specifica dei fatti.

Ecco alcune testimonianze infantili che fanno emergere questo pensiero sensoriale e operativo.

Matilde, 8 anni

I miei genitori quando piango senza motivo mi puniscono mandandomi in camera mia. Un giorno ho pianto perché non riuscivo a fare un disegno con il compasso e mi sono anche arrabbiata. Allora la mamma mi ha detto, a voce alta, di andare nella mia stanza. Questa cosa succede spesso, anche se ne vorrei parlare con i miei genitori.

A casa mia punisce di più la mamma perché il papà è al lavoro.

Quando la mamma mi urla di andare in camera mia mi sento un po' mortificata.

Una volta che non riuscivo a fare una cornicetta per un compito sulle stagioni mi sono messa a piangere. La mamma mi ha ordinato di filare in camera perché era stufa di sentirmi frignare.

La bambina è piccola, le sue emozioni sono ancora molto acerbe. La mamma a quanto pare vorrebbe una figlia diversa, più capace di regolarsi da sola; fatica ad accettarla così com'è. La bimba non critica la mamma ma si sorprende molto della sua difficoltà a capirla.

Paolo, 7 anni

Quando andavamo in un negozio per comprare una felpa per la mamma io mi annoiavo ad aspettare mentre la provava e faceva la fila alla cassa per pagare, quindi continuavo a lamentarmi dicendo che ci metteva un sacco.

> Allora la mamma mi sgridava, diceva che quando andiamo a comprare le cose per me non mi annoio, quindi dovevo pazientare.
>
> Le ho chiesto scusa, però mi annoiavo lo stesso.

I tempi infantili non sono quelli degli adulti. Paolo non ce la fa, vorrebbe giocare, muoversi, toccare. La mamma gli sta chiedendo una cosa legittima ma un po' difficile. Alla fine lui si adegua ma il suo pensiero vaga altrove.

Sabrina, 8 anni

> Una volta avevo molta fame, ma i miei genitori mi avevano detto che avevo appena pranzato e quindi non ho potuto più mangiare.
>
> Dopo qualche minuto loro sono andati un po' a riposare e io sono andata in cucina silenziosamente.
>
> Ho trovato un pacco di brioche e ne ho presa una.
>
> Quando mi hanno scoperto mi hanno messo in punizione per una settimana senza tv, senza computer e senza amici con cui giocare.

A Sabrina manca la consapevolezza del fatto che sarà comunque scoperta dai genitori. Dal momento che non è stata vista compiere la "malafatta", è convinta che non sarà mai beccata. Ecco un tipico contrasto tra il pensiero infantile, operativo e immediato, e quello adulto, capace di ben altro.

Questi racconti e queste esperienze documentano bene la concretezza del pensiero infantile che, nella sua immediata ingenuità e semplicità, si stupisce delle pretese adulte di ottenere comportamenti non allineati all'età.

UN PENSIERO MAGICO

Se anni fa il pensiero magico infantile, quello che si definiva animistico, era sopravvalutato, oggi è sostanzialmente dimenticato e difficilmente viene preso in considerazione nella gestione dei bambini. Si tende a presupporre che sia stato neutralizzato dalla nostra società dell'immagine: televisione, tablet, smartphone, pubblicità. Nel nostro sistema sociale l'immaginario infantile non sembra quasi aver bisogno di una sua autonomia, perché lo pensiamo sistematicamente rifornito, o più che altro saturato, da una realtà dove la ridondanza si trasforma in soffocamento e invasione.

In parte effettivamente è così. Il caso più eclatante è quello del compagno immaginario. Fino a trent'anni fa, alcuni importantissimi studi italiani di Tilde Giani Gallino, psicologa e docente di psicologia dello sviluppo, mettevano in rilievo la presenza di questa figura nella vita infantile: un personaggio fantastico con cui il bambino interagiva liberamente, per scaricare le proprie tensioni o sperimentare situazioni che nella realtà non poteva vivere.[6]

Ricerche più recenti hanno portato a registrare una riduzione significativa della presenza dell'amico immaginario nella vita infantile: se prima si parlava di un 60-70 per cento di bambini che fino ai 7-8 anni aveva un amico immaginario, oggi sarebbe un 10-20 per cento.

Anche nel mio lavoro è sempre più raro incontrare madri e padri che raccontano di questa figura con cui il figlio o la figlia si relaziona.

> Anzi, alcuni genitori percepiscono le fantasie infantili come ritardi cognitivi e si battono con grande convinzione per eliminare il prima possibile anche Babbo Natale dall'immaginario dei loro bambini.

Ricordo un padre affermare orgoglioso: «Ha 7 anni. Fa finta di credere ancora a Babbo Natale, ma io lo so che è intelligente e che, in realtà, non ci crede».

I genitori continuano a basarsi su presupposti che non coincidono con la realtà dei fatti. I bambini oggi, come si sostiene da più parti, saranno anche più "sgamati" di quelli di trent'anni fa, ma ribadisco che è impossibile che, in una sola generazione, la natura abbia interamente cancellato quello che è stato, ed è ancora, l'universo dell'immaginario infantile. Nonostante l'invadenza del sistema tecnologico, dei videogiochi e dei videoschermi, il pensiero dei bambini continua a essere caratterizzato da componenti magiche.

Mi racconta ad esempio Carla, una maestra di prima elementare:

> Lunedì arrivo a scuola e vedo una mia alunna con il dito steccato. Le chiedo cosa sia successo e inizia a raccontarmi una storia ricca di particolari: stava facendo un giro in bicicletta con il papà quando è caduta e le si è storto il dito all'indietro. La mamma l'ha portata al pronto soccorso, dove le hanno steccato il dito che però non è rotto. Quando arrivano tutti i compagni di classe chiedo: «Avete visto bambini cosa è successo ad Anna? Anna, racconta ai tuoi compagni perché hai il dito steccato». La bambina ripete la stessa storia raccontata a me, gli altri la ascoltano in un silenzio assoluto senza neppure fiatare. Poi arriva la mia collega e mi dice che il venerdì precedente ha portato i bambini in giardino dopo la mensa e Anna si è fatta male al dito quando è stata urtata da un bambino più grande.

Ma l'esperienza è comune a molti genitori.

Silvia, mamma di Jasmine, è rimasta senza parole:

> Finisce l'assemblea di classe per l'elezione dei rappresentanti dei genitori. Mi fermo a chiacchierare con alcune mamme. Una di loro mi chiede curiosa: «Allora, dove vi trasferite?». All'inizio faccio fatica a capire e penso stia scherzando, poi realizzo che Jasmine ha detto a una sua compagna che non può andare al suo compleanno perché stiamo cambiando casa. Le dovrò chiedere dove ci stiamo trasferendo, almeno la prossima volta mi so regolare...

Jasmine probabilmente non aveva voglia di andare alla festa e ha individuato la soluzione che meglio poteva toglierla dall'impiccio di dover rifiutare l'invito. Non ha inventato, si è immaginata come risolvere il suo problema. La stigmatizzazione della cosiddetta "bugia infantile" è molto equivoca: spesso infatti non si tratta di bugie nel senso intenzionale del termine, come sono comunemente intese da noi adulti, ma semplicemente derivano dal pensiero magico infantile in azione, cioè quella tendenza della mente del bambino a trasformare la realtà nominandola in altro modo. Per un adulto pensare che il bambino sia un bugiardo è molto facile, ma non è opportuno avventurarsi in simili interpretazioni giuridico-giudiziarie dei comportamenti infantili:

> la verità non è un concetto applicabile
> al mondo dei bambini.

Gli esempi del pensiero magico infantile sono davvero infiniti: dalla nonna costretta a scegliere tra inverosimili menù una pappa immaginaria preparata nel pentolino delle bambole, con una precisione meticolosa e l'entusiasmo del vero cuoco; al genitore che sente il figlio giocare in camera tutto solo, ma perso in un dialogo immaginario degno dei più famosi sceneggiatori.

In cosa consiste il pensiero magico? Proprio come in *Harry Potter*, «la magia, prodotto diretto del realismo infantile, è la credenza stessa del bambino di poter comandare le cose».[7] Non esiste infanzia senza pensiero magico, che rappresenta un espediente cognitivo eccezionale per vivere in un mondo troppo diverso, troppo grande, troppo incomprensibile.

Non è una falsificazione del reale, ma un modo di aderire alla realtà trasformandola secondo i parametri corrispondenti a questa fase della vita. I piccoli sentono la frustrazione e l'impotenza del loro essere piccoli in un mondo che non è a loro misura:

> la paura del buio scacciata con una parola evocativa; la nascita di un fratellino con le emozioni che comporta, gestita giocando a imitare la mamma con un bambolotto; il pupazzo preferito senza cui è impensabile riuscire ad addormentarsi. Sono atti "magici" che stemperano emozioni difficili da affrontare, e aiutano a superare le difficoltà di adattamento.[8]

Un esempio della permanenza di questa forma di pensiero magico nel mondo adulto è collegata alla superstizione: l'idea cioè, ad esempio, che un gatto nero che mi attraversa la strada possa in qualche modo influire sul corso degli eventi della mia giornata; oppure l'idea che una particolare ritualità o un certo abbigliamento, o anche solo un unico oggetto, possano farci riuscire in una prova o aiutarci a realizzare un desiderio.

Il pensiero magico infantile si sviluppa a partire dal secondo anno di vita e comincia a diminuire dal settimo. Ma non si spegne mai del tutto: anche se non ha più bisogno di andare a dormire assieme al suo dinosauro preferito – fase apicale di questo tipo di pensiero –, finché nostro figlio o nostra figlia continua a giocare con i mostri o con le bambole sta ancora vivendo in un mondo denso di fili e connessioni immaginarie. Molti giochi di immedesimazione e simulazione non sono necessariamente da considerare giochi teatrali o di ruolo, ma ancora, per certi aspetti, giochi magici veri e propri.

Scrive la pedagogista Marta Versiglia nel suo diario pedagogico:

> Seguo due bambini in una prima elementare, una classe di ventisei alunni di cui solo quattro sono italiani. Sappiamo che la mamma di un bimbo originario dell'Ecuador aspetta due gemelli maschi che nasceranno a breve. La settimana scorsa entro in classe e vedo appesi alla porta due fiocchi azzurri di benvenuto per Emmanuel e Sergio. Chiedo alle insegnanti e mi confermano che i fratellini di Daniel sono nati. Passa una settimana, torno in classe e l'insegnante sta staccando i due fiocchi. Mi guarda e mi dice: «Pensa se è possibile... Si era inventato tutto! Mica sono nati i due gemelli! Ieri abbiamo visto la mamma ancora con un pancione enorme. Tra l'altro si è inventato anche i nomi perché i genitori non hanno intenzione di chiamarli così... Addirittura raccontava di uno che piangeva e l'altro che dormiva... Che soggetto!».

È incredibile la capacità di Daniel di coinvolgere il suo universo scolastico in un'operazione magica, destinata ad aiutarlo a prepararsi all'arrivo dei fratellini, che di certo lo preoccupa e spaventa. È il suo modo di provare a controllare un'esperienza che indubbiamente è difficile da immaginare e gestire anche per un adulto dotato di ben altre competenze e conoscenze, figurarsi per un bambino di 6 anni.

> Sarebbe davvero problematico trattare Daniel come un bugiardo e punirlo: piuttosto gli va riconosciuto un grande sforzo di elaborazione e attivazione di risorse e potenzialità e bisogna affiancarlo e supportarlo nella sua difficoltà.

Racconta invece Chiara, mamma di Alice, 10 anni:

Alice per il suo decimo compleanno ha voluto invitare alcuni compagni di classe a casa nostra.

Sono otto in tutto e appena arrivati spariscono in camera, distribuiscono il contenuto della scatola dei travestimenti sul tappeto e si chiudono dentro a preparare uno spettacolo. Dopo cena vendono biglietti immaginari e gli adulti presenti sono richiesti sul divano per assistere alla rappresentazione.

È uno spettacolo di magia. Il mago designato, assistito da una valletta travestita da principessa, nasconde dietro un telo di cotone uno dei bambini. Dopo varie formule magiche, movimenti del telo e il complice che senza stare troppo attento a non farsi vedere si sfila da sotto e va a nascondersi dietro una poltrona, ecco la magia: il bambino è scomparso!

Fanno davvero ridere. Ormai immagino che siano consapevoli che ci accorgiamo del trucco e che assistiamo e applaudiamo alle loro messe in scena solo per assecondarli, ma penso anche che, in qualche modo, credano sul serio di essere su un palcoscenico vero e di riuscire con acrobazie inverosimili, balletti scompaginati e "trucchi" di magia, a stupire e affascinare gli adulti presenti.

Anche il pianto può essere usato come una piccola magia: piangendo, il bambino ottiene qualcosa e struttura la fiducia nel mondo attorno a sé.

Michele, 9 anni

I miei genitori non mi puniscono quasi mai perché quando litigo con mio fratello io piango per primo e do la colpa a lui, così lo sgridano e danno a lui la punizione.

È straordinaria questa capacità di Michele di gestire i suoi genitori in maniera da evitare di finire vittima del loro castigo. Lui ha capito come funzionano e, in maniera "magica", per non dire "strategica", riesce a trovare l'espediente giusto. È un bambino di quasi 10 anni, quindi in grado di utilizzare quello che ha imparato nell'ambito del pensiero magico in senso opportunistico.

> Anche il famoso e famigerato «no!» che tormenta i genitori di tutto il mondo, alla fine non è altro che un tentativo ingegnoso di ridurre la presenza di adulti che continuano imperterriti a comandare sui più piccoli.

Sarebbe poco aderente alle conoscenze scientifiche sulla mente infantile, se i genitori interpretassero il no come una pura e semplice opposizione, come disobbedienza e riluttanza ad adeguarsi alle indicazioni degli adulti. È semplicemente un modo sano e ingegnoso per vivere l'infanzia.

Come riuscire allora a gestire questa esperienza particolare della realtà, aiutando i bambini a crescere? Faccio un esempio.

Un bambino di 3 anni, dopo essere stato malato per alcuni giorni, vuole misurare la febbre al suo gatto di peluche. Cerca insistentemente il termometro, uno vero, e tormenta la mamma che ovviamente non vuole darglielo. È un vecchio termometro di vetro e mercurio e sarebbe davvero imprudente lasciarlo nelle mani di un bimbo piccolo. Il bambino è mosso dalla convinzione onnipotente di poter riuscire, attraverso la ripetizione di un gesto che ha visto fare su se stesso, a dare un senso all'ansia e alla preoccupazione che ha percepito intorno a lui: è un modo fondamentale per "riappropriarsi" del suo essere stato malato. A questo punto però può scattare la punizione perché l'adulto si innervosisce e sbotta: «Basta! Il termometro non è un gioco, puoi farti male. Smettila o ti punisco!». Si crea così una tensione relazionale inutile, perché in fondo il bambino chiede solo all'adulto di entrare nel suo pensiero magico.

Quale può essere il comportamento alternativo? La mamma invece di opporsi all'idea in sé gli offre un'alternativa, acconsentendo, ad esempio, a patto che sia lei, adulta, a misurare la febbre al pupazzo. È davvero difficile che un bambino, una volta che si è entrati nella logica del suo pensiero, non si adatti, perché in fondo la sua è un'operazione magica a tutti gli effetti.

> È importante che i genitori imparino
> ad assumere questa prospettiva e che,
> nei limiti del possibile, siano disponibili a giocare
> sul piano immaginario e fantastico dei figli.

Meglio assecondare, preparare cento volte la pizza al leone e alla leonessa e giocare con i bambini, che parcheggiarli due ore davanti a cartoni animati o videogiochi o a qualsiasi altra esperienza passiva alla quale devono limitarsi ad assistere da spettatori.

> Nel pensiero magico il bambino è attivo,
> è il costruttore della sua storia ed è per questo
> che non va sminuito o contrastato:

rischiamo di deprivare l'esperienza fantastica-immaginativa che i grandi esperti dell'infanzia hanno sempre saputo tenere viva.[9]

Il mio nipotino Riccardo, di quasi 3 anni, ha una sua formula magica: «Sono grande!». La ripete spesso, è una sorta di «Apriti sesamo!» che in qualche modo gli permette di affrontare la fatica di trovarsi come un nanetto in un mondo di giganti.

> I bambini che possono vivere questa loro dimensione
> fantastica senza essere continuamente corretti,
> rimproverati e puniti stabiliscono un contatto
> profondo e creativo con le proprie risorse,
> imparano di più e sono più felici.

UN PENSIERO MOTORIO

La differenza tra pensiero adulto e pensiero infantile è enfatizzata all'ennesima potenza dall'elemento motorio. I genitori, gli insegnanti e gli adulti in generale vorrebbero che i bambini stessero fermi e concentrati, che smettessero di muoversi, agitarsi, disturbarsi tra di loro e toccare tutto.

È una richiesta legittima, perché l'adulto ha necessariamente bisogno di un certo controllo sul comportamento infantile, ma se si sbaglia l'approccio si rischia di crescere bambini davvero incontrollabili.

Sgombriamo subito il campo da alcune illusioni adulte:

un bambino di 3 anni non riesce a stare un'ora e mezza seduto al ristorante.

Bambini e bambine che frequentano il tempo pieno in una prima elementare non possono saltare l'intervallo perché la scuola è piccola, oppure perché hanno fatto confusione e si sono comportati male. Non è realistico portare al supermercato il proprio figlio di 5 anni e pretendere che non abbia voglia di osservare e toccare i prodotti sugli scaffali. Se dai una palla a un settenne non puoi pretendere che non si metta a tirarla.

Sono esempi banali di un mondo con necessità diverse da quelle adulte, in cui il comportamento è guidato da un'immediatezza motoria che fortunatamente l'adulto non sperimenta più o che comunque è in grado di controllare.

L'organizzazione neuronale motoria durante l'infanzia è ancora estremamente incompleta e immatura. Come afferma Alberto Oliverio:

> Molte delle attività di movimento che noi pratichiamo vengono chiamate 'memorie procedurali', che si suddividono in sottogruppi, per esempio la memoria procedurale dell'equilibrio, quella di allacciarsi le scarpe. Le memorie procedurali sono estremamente importanti e riguardano la capacità del corpo di eseguire un'azione. Sono cose che si imparano, ma non si sa bene quando: bisogna anche tener presente che molto spesso alcune memorie legate ai significati vengono 'proceduralizzate' cioè passate ad un registro in automatico, con dei vantaggi e a volte con degli svantaggi. La differenza tra un adulto e un bambino è anche il fatto che le memorie procedurali permettono all'adulto, per esempio, di misurare la potenza del movimento prensile, mentre il bambino ancora se le deve costruire.[10]

La motricità infantile è sottoposta a deficit inevitabili. A tavola sono sotto gli occhi di tutti: bicchieri rovesciati, cibarie che finiscono ovunque, impacci di varia natura. Non si tratta di ipotizzare disturbi e richiedere diagnosi: quasi sempre ci troviamo di fronte alla naturale incompiutezza motoria dei bambini che necessariamente li costringe a performance ancora limitate.

> Dobbiamo punire per questo o è più utile riconoscere che è necessaria una certa gradualità per acquisire competenza?

Pensiamo al tema del vestirsi da soli, fonte di forti tensioni in famiglia, in particolare alla mattina. È ovvio che nei primi tre anni di vita è improbabile che un bambino ci riesca del tutto, ma a partire dal quarto anno comincia a coordinare efficacemente i movimenti. Come comportarsi nella fase di apprendimento? La tendenza è quella di sostituirsi nella vestizione, di solito perché innervositi dal ritardo, ritrovandosi poi con un figlio o una figlia di 6 anni compiuti a cui dover ancora infilare calze e allacciare scarpe. Forse è meglio aspettare e accettare che i figli possano imparare con i loro tempi e anche dai loro errori: faranno un passo avanti e due indietro, ma poi non dimenticheranno quello che hanno appreso. Lo stesso vale, ad esempio, per il controllo sfinterico: può accadere che a 4 o 5 anni, magari per una fase di tensione emotiva, un bambino o una bambina si facciano ancora la pipì addosso, ma è nell'ordine delle cose e non è certo il caso di affrontarle con sgridate e punizioni.

Mirko, 8 anni

Un giorno, come al solito, faccio i miei esperimenti pazzi, vado in bagno e prendo gel per capelli, shampoo e sapone.

> Poi ritorno in sala, prendo i miei tubetti di colori e li mischio tutti. Metto il risultato dentro un tubicino e lo chiudo. Però non ho pensato che il mio esperimento era troppo molliccio. Ero sul divano e, per sbaglio, mi è caduto il tubetto. Mia mamma è arrivata e mi ha scoperto e, tanto per cambiare, mi ha sgridato.

Mirko ci introduce a un'esperienza cara ai bambini: gli esperimenti, le pozioni magiche, il "paciugare" con oggetti magari improbabili per ideare qualcosa di nuovo o di inedito. È logico che, a 8 anni, la possibilità che l'esperimento riesca senza far danni è molto scarsa. Però il genitore si deve chiedere: meglio che faccia l'esperimento o che non lo faccia?

Se ragioniamo a mente fredda riusciamo a riconoscere che il bambino curioso, attivo, che cerca anche di "creare", possiede indubbiamente un'intelligenza vivace. Il problema è che poi, di fronte all'esperimento "molliccio" rovesciato sul divano, la trappola emotiva scatta inesorabile.

> Come costruire dei limiti che non impediscano
> alla motricità infantile di svilupparsi
> e di sperimentare tutta la magia dell'età?
> Come gestire invece
> che stigmatizzare, bloccare, punire?

Un'altra situazione in cui le caratteristiche motorie immediate del pensiero infantile emergono in modo preponderante è quella dei litigi infantili.

Incontro ancora moltissimi adulti che, dopo aver letto *Litigare fa bene* e aver cominciato a utilizzare il metodo nei litigi tra coetanei, si lamentano di come sia comunque inevitabile che i bambini si azzuffino tra loro.

Non possiamo immaginare che i bambini, almeno fino ai 7 anni, riescano naturalmente e automaticamente a gestire i loro litigi solo con le parole. Il corporeo è quasi una dimensione elettrica nei rapporti fra i bambini: qualcuno tende a essere più manesco di altri e va regolato, ma non può essere colpevolizzato per questo. Occorre leggere la situazione, comprendere quello che sta davvero accadendo, e trovare la strada giusta.

Pure a scuola le pause motorie sono importanti, anzi, diversi studi hanno dimostrato che l'attivazione fisica migliora anche l'apprendimento. Dappertutto, in qualsiasi contesto, i bambini dovrebbero avere la possibilità di correre e di muoversi liberamente. È un'esigenza fondamentale, una caratteristica tipica dell'età che denota l'estrema energia finalizzata a scoprire le potenzialità del proprio corpo per poterle poi attivare.

Oggi l'eccesso di videoschermi, che si agganciano alle aree cerebrali collegate al piacere, tiene letteralmente in ostaggio l'attenzione dei bambini e ci sta consegnando una generazione molto più sedentaria delle precedenti. Non si può dire che questo stia facendo bene ai più piccoli: sono in aumento infatti i problemi metabolici, e le diagnosi di disturbi motori e dell'apprendimento sono cresciute a livello esponenziale.

Da quando ho raggiunto i 50 anni tutti i medici mi hanno consigliato di camminare a passo svelto almeno mezz'ora al giorno e non posso evitare di chiedermi se gli adulti riflettano davvero

> sull'estrema necessità motoria dei più piccoli,
> un'esigenza non solo legata alla salute fisica
> ma anche a quella psichica.

COSA FARE:
TRE DISPOSITIVI PEDAGOGICI

I bambini sperimentano un'estrema immaturità, ma il loro desiderio è quello di accondiscendere al mondo degli adulti e trovare in esso le necessarie conferme e sicurezze. È l'età della vita in cui, in un modo o nell'altro, tendono a modellarsi sugli adulti, visti come un punto di riferimento indispensabile. La loro esigenza di richiamare continuamente l'attenzione dei grandi va letta proprio in questa logica, per cui nel desiderio di adeguarsi ai genitori, cercano di attirare il loro interesse e la loro approvazione. Questo per loro è anche un modo per avere la certezza che i genitori ci sono e mantengono la loro responsabilità educativa.

È però molto facile fraintendere il comportamento infantile.

Mi scrive Adriana:

> Mi trovo d'accordo su quanto da lei spiegato, ovvero che le punizioni fisiche siano assai nocive per la crescita, soprattutto psicologica dei bambini e che esse indeboliscano il legame tra genitori e figli.
>
> Ma è pur vero che risulta difficile per un genitore riuscire ad applicare questa importante e generale regola pedagogica nella pratica educativa di tutti i giorni.
>
> Soprattutto quando si ha a che fare con bambini di età tra i 2 e i 3 anni, nei quali la comprensione del senso del dovere è praticamente assente, ma nello stesso tempo è assai già presente un atteggiamento di opposizione e di sfida nei confronti del proprio genitore.
>
> Mi scontro con "siffatto" problema educativo ogni giorno con mia figlia di appena 2 anni e spesso sento la difficoltà di trasferire delle regole senza ricorrere alle punizioni fisiche,

perché quasi sempre i miei no seguiti da argomentate spiegazioni falliscono inesorabilmente. Anzi, sembra che scatenino in mia figlia una voglia ancora più irresistibile di sfidarmi, di provocarmi, di disobbedirmi.

Servono esempi concreti per far capire ai genitori come me come affrontare le diverse situazioni senza arrivare alle punizioni e che al contempo realizzino quella "modalità ferma e autorevole" di cui Lei parla.

Sono cosciente che l'atteggiamento di sfida di mia figlia sia sintomo delle sue esigenze di avere una guida che le dia delle regole per crescere.

Ma, ripeto, spesso la comunicazione solo verbale delle medesime fallisce, lasciandomi sconfitta ed esausta.

Diventare genitori è in assoluto l'esperienza più unica e meravigliosa della vita... ma poi esserlo tutti i giorni è spesso faticoso e difficile e in questo ruolo così delicato si è quasi sempre lasciati soli... senza guida. Sì, perché anche noi genitori abbiamo bisogno di direttive per poter svolgere al meglio il nostro compito.

Questa lettera mi fa molto piacere perché dimostra come i genitori, oggi, sappiano farsi le domande giuste. Indubbiamente non è facile essere genitori in un'epoca come la nostra, meravigliosamente creativa ma anche disseminata di incognite e dubbi. I riferimenti precisi, semplici e necessari, non sono così facili da trovare. Giustamente Adriana afferma: «Si è quasi sempre lasciati soli... senza guida».

Come aiutare mamme e papà? Come gestire l'immaturità infantile senza ricorrere alle punizioni? Cercherò ora di illustrare i tre dispositivi che ci permettono di contenere i bambini senza condannare e colpevolizzare inutilmente i loro naturali processi mentali.

1. È meglio organizzare buone consuetudini che perdersi in mille discorsi

Abbiamo visto che l'immediatezza e la concretezza del pensiero infantile non mettono i bambini nelle condizioni di recepire considerazioni, ragionamenti, riflessioni astratte. Madri e padri di piccoli provocatori si lamentano, scoraggiati: «Glielo dico in continuazione! Sa quante volte devo ribadirgli che è ora di andare a dormire?». L'operatività che caratterizza l'universo dei bambini ama piuttosto le situazioni che si ripetono tali e quali, che si presentano identiche, nello stesso modo, con continuità:

> i bambini sono abitudinari.

Un'ora per andare a dormire, una modalità per mangiare, una particolare procedura per lavarsi i denti, una certa scansione di rituali fra la cena e il momento della nanna, una storia raccontata al momento giusto, un gioco che magari si ripete sempre allo stesso modo, un ritmo definito per affrontare un viaggio in auto.

> Sono procedure che danno sicurezza
> al bambino e gli permettono di ritrovare
> le cose al loro posto, in un mondo
> imprevedibile e complicato.

La ritualità prelude al tema delle regole.

> Le regole con i bambini funzionano
> proprio perché il loro pensiero
> è consuetudinario;

sono uno strumento perfettamente in sintonia con il loro modo di pensare. Viceversa la litania del «Non mi ascolta», «Gli parlo e sembra che non gli interessi», «Gli ho spiegato cento volte come deve allacciarsi le scarpe ma sembra che mi prenda in giro, guarda da un'altra parte, gioca con sua sorella» è una lamentazione legittima, ma che non considera che l'ascoltare quello che per noi adulti è un discorso logicamente consequenziale non è per forza in sintonia con le capacità psicoevolutive dei più piccoli.

Senz'altro il verbalismo che produce più danno è quello che subissa i bambini più piccoli di domande incessanti su quello che vogliono fare, attribuendo loro delle competenze e delle capacità decisionali che non hanno, ed elevando il livello dell'ansia con risultati spesso devastanti.

> Le parole rischiano di confondere.
> Un'impostazione chiara e corretta di regole consuetudinarie e buone abitudini tranquillizza e consente ai bambini di adeguarsi alle richieste dei genitori. Sempre che queste ultime siano chiare e sostenibili per la loro età.

2. Invece che spiegare, mostrare praticamente

Il secondo dispositivo pedagogico riguarda la necessità di far vedere concretamente come si deve fare.

Alberto Oliverio ci spiega:

Non posso dire a un bambino di tre o quattro anni come fare una capriola descrivendogliela a parole; posso dirgli di piegarsi, mettere la testa in giù, spingere con le gambe e così via, però non arriverà mai a fare una capriola. Ma se vede un altro bambino fare la capriola, lo imita; e, secondo molti aspetti studiati dal gruppo di Parma,[11] il vedere realizzare un'azione motoria in qualche modo attiva strutture nel suo cervello che lo preparano a eseguire quell'azione motoria. [...] Diciamo che l'agire insieme porta in qualche modo a facilitare il compito, perché involontariamente i bambini guardano gli altri: a volte agiscono da soli, a volte guardano gli altri e semplici azioni motorie in qualche modo entrano nella loro mente e facilitano l'apprendimento.[12] ”

In un recente film, *Truth*,[13] c'è una bellissima scena in cui un avvocato spiega alla sua cliente cosa dovrà fare quando verrà interrogata dal giudice. Sapendo che la donna è una famosa giornalista piuttosto logorroica ed estremamente abile nell'uso delle parole, e considerato che il giudice non avrebbe apprezzato questo tipo di atteggiamento, l'avvocato senza mezzi termini la invita a sintonizzarsi, usando questo esempio: «Senta» le dice, «quando il giudice le chiederà che ore sono non stia a spiegargli come funziona l'orologio». Ripensando ai genitori che ho seguito in questi anni, direi che il 90 per cento è più orientato a spiegare come funziona l'orologio piuttosto che dire ai figli che ora è. Le parole, ovviamente, sono importanti ma bisogna considerare l'immaturità dei bambini e ridurle il più possibile, evitando il rischio della confusione.

È meglio essere concreti, far vedere come si fa, piuttosto che spiegare la cibernetica del vestirsi da soli; preparare alla sera insieme tutto il necessario per la colazione mattutina, invece che esaltare

> l'importanza della colazione come pasto energetico
> per poi ritrovarsi a urlare dietro a un figlio
> che si rifiuta di bere il latte.

È meglio aiutare il bambino a imparare una semplice procedura per riempire alla sera lo zaino scolastico, che perdersi in un discorso sull'autonomia e le responsabilità della crescita.

Insistere con le parole comprime la situazione e finisce per renderla ansiogena.

3. Dare il giusto tempo

Il terzo dispositivo operativo è quello di assecondare il *timing* infantile, ossia i naturali tempi dei bambini in base alla loro età.

La psicologa russa Marina Butovskaya, facendo ricerche sui litigi tra bambini anche molto piccoli, scoprì una misura temporale interessante: se si aspetta, almeno per un minuto, a intervenire nei loro litigi, nella maggior parte dei casi si risolvono da soli.[14]

Il minuto può essere una misura pratica, ma anche metaforica, da lasciare ai bambini per offrire loro la possibilità di riprendersi dai deliri di onnipotenza e verificare le loro presupposizioni magiche in modo autonomo, tornando così alla realtà.

> Il loro tempo non è il tempo degli adulti, e fare
> il muro contro muro per questioni di organizzazione
> e tempistica è la strategia meno appropriata.

Non si tratta di pura e semplice pazienza, ma riguarda proprio la necessità di cogliere una modalità differente di percepire la temporalità.

A volte non prendere alla lettera le loro parole, non dare peso ad alcune richieste, è davvero utile per eludere la furia del voler intervenire subito per risolvere tutto.

Questi dispositivi si inseriscono in un quadro più ampio, di cui ci occuperemo nel capitolo 9, che comporta un'organizzazione educativa efficace: chiarezza, buone regole, coesione, gioco di squadra. È questo che permette ai bambini di riconoscere nei loro genitori delle figure autorevoli, a cui possono affidarsi con tranquillità. Genitori non in balia delle emozioni ma capaci di sintonizzarsi con l'età dei figli e di guidarli nel percorso di crescita.

Chiudo con il racconto di una decenne.

Giorgia, 10 anni

> I miei genitori non mi puniscono, ma ne parlano tra loro e mi fanno capire quando sbaglio così la prossima volta non lo farò più.
> Di solito interviene di più la mamma perché in effetti con lei mi sento più sicura a parlare da femmina a femmina. Certe volte nelle questioni scolastiche interviene di più il papà perché lui mi spiega, ma negli errori di vita interviene più la mamma perché con lei mi sento più a mio agio su certe cose.

Giorgia riconosce nei genitori una competenza fattibile, ci restituisce la possibilità di diventare madri e padri che non fanno ricorso a urla, punizioni o ricatti ma affrontano i problemi e gli inevitabili errori della bambina con tranquillità e con il necessario contenimento educativo.

8

IL PENSIERO ADOLESCENZIALE: INSTABILE NELLA SUA ESPANSIONE

Adesso debbo dire alla mamma che ho invitato diciotto ragazze a casa nostra.
Se mi faceva spavento l'idea di dover ricevere diciotto ragazze
che fino a ieri hanno avuto per me l'amicizia che si può avere per una caffettiera,
me ne fa altrettanto quella di doverne dare la notizia alla mamma.
Va bene che la signora A. le ha detto
che i genitori debbono permettere ai figli di invitare gli amici
e che lei ha taciuto, ragion per cui, secondo il proverbio, ha acconsentito,
ma mi assale un dubbio: sarà proprio vero che "chi tace acconsente"?
E se la mamma si ribellasse all'idea di metter
il suo non mai abbastanza tirato a lucido soggiorno
a disposizione di trentasei piedi,
di abbandonare il suo amato divano
appena coperto di nuovo come le due poltrone analoghe,
alla mercé di diciotto corpi vivaci come si può esserlo solo a 13, 14 anni?
G. ANGUISSOLA, *Violetta la timida*

GLI ADOLESCENTI: SGRADEVOLI AL PUNTO GIUSTO

In consulenza Maria Chiara mi racconta di quanto sia difficile gestire la figlia Fosca, di 15 anni. Ha la sensazione di stare perdendo il controllo e che la situazione sia in progressivo peggioramento: la ragazza è irascibile, la ignora o le risponde male, elude le domande, usa il cellulare fino a notte fonda e né lei né suo marito conoscono i codici d'accesso, quindi non hanno alcuna possibilità di "indagare" per provare a capire cosa le stia accadendo.

Avverto molta inquietudine nelle parole di Maria Chiara. Mi spiega che lei e Fosca non riescono più a comunicare come facevano un tempo.

> In generale mi stupisce sempre osservare la fatica dei genitori a sintonizzarsi con l'età adolescenziale dei figli che coglie comunque impreparati.

Quando sono piccoli si tende a vederli più grandi di quanto siano in realtà, a volerli più capaci, autonomi. Poi, quando diventano grandi davvero, il nastro si riavvolge su *rewind* e si finisce per trattarli come bambini.

Chiedo a Maria Chiara se Fosca ha una paghetta settimanale. «Ma no» mi risponde lei, «se le serve qualcosa basta che lo chieda, noi siamo disponibili». Continuo: «Quali sono le regole che avete in casa sulla sua camera?». «Non saprei... è sempre stata così ordinata. E quando c'era un po' più di confusione di solito sistemavo io... Il problema è che adesso davvero è troppa! E se glielo faccio notare risponde sempre che lo farà più tardi... mi prende in giro!»

Indago su cellulare e tablet: «Per l'uso del telefono? Come vi siete accordati?». Nessuna regola, nessuna procedura, nessuna effettiva possibilità di progressiva autonomia: la logica è quella del legame totale, per cui non serve organizzarsi, bastano l'affetto, il comprendersi, la vicinanza emotiva.

È un meccanismo che funziona male per l'infanzia e per niente in adolescenza.

A un certo punto squilla il telefono di Maria Chiara: è Fosca. La invito a rispondere: «Ciao tesoro, ciao tata... Come stai cucciolina? Tutto bene? Sì, sì, arrivo subito. Un bacio!». Il tono è incredibilmente mellifluo, totalmente trasformato rispetto a quello della conversazione che stavamo sostenendo. Modula la voce come se stesse parlando a una bambina.

Ma sua figlia non è più una bambina. La mamma amorevole, accogliente, accudente, deve cominciare a fare un po' il "papà", a contrattare regole, definire confini, a porsi in una posizione di maggiore distacco.

> Il mondo dell'adolescenza
> non ha più nulla a che fare
> con quello dell'infanzia:

è stato dimostrato che gli adolescenti fanno addirittura fatica a ricordare quello che è successo durante quel periodo. Il cambiamento è davvero molto netto.

Spiega Robert Sapolsky, neurobiologo americano:

> Il cervello adolescente è unico: non è solo un cervello adulto non ancora maturo e non è neanche il prolungamento di un cervello infantile. La sua particolarità dipende dal fatto che una regione specifica, la corteccia frontale, non è ancora del tutto sviluppata. Questo spiega la turbolenza di quell'età, e riflette un'importante pressione evolutiva. La corteccia frontale è la parte del cervello umano che si è evoluta più di recente. Da lì scaturiscono i comportamenti sensati e maturi: i progetti a lungo termine, la funzione esecutiva, il controllo degli impulsi e la regolazione delle emozioni. [...] Negli adulti la corteccia frontale regola l'attività di alcune parti del sistema limbico, l'area del cervello responsabile dell'origine e della gestione delle emozioni. Nel cervello degli adolescenti, invece, il sistema limbico viaggia a tutta velocità, mentre la corteccia frontale sta ancora cercando di capire le istruzioni per l'uso. [...] C'è anche un altro fattore che determina il loro squilibrio: la presenza di ormoni, co-

me l'estrogeno e il progesterone nelle femmine e il testosterone nei maschi. Questo aiuta a capire perché l'adolescenza è più turbolenta dell'infanzia: la corteccia cerebrale è immatura a entrambe le età, ma lo tsunami degli ormoni non è ancora cominciato.[1] ”

Gli scienziati ipotizzano che questo ritardo di sviluppo della corteccia frontale sia funzionale a un più efficace adattamento all'ambiente e alla base di quella disponibilità alla scoperta, alla sperimentazione, alle novità che fornisce la sua parte di contributo all'evoluzione della specie umana. In effetti, gli adolescenti sono così: inquieti, impulsivi, alla ricerca continua, più propensi all'azione che alla riflessione. Tutto questo ha un prezzo, perché favorisce comportamenti che, oltre a rendere i ragazzi più instabili ed esposti al rischio, complicano non poco la vita dei genitori.

La fatica più grossa è dovuta al fatto che il passaggio dall'infanzia all'adolescenza è brevissimo, appena qualche mese, tra la fine della scuola primaria e l'inizio della secondaria di primo grado, così i genitori hanno poco tempo per prendere coscienza di quello che sta succedendo e riorganizzarsi, cambiando registro. Ma riuscirci è possibile.

> Non esistono adolescenti venuti bene
> e adolescenti venuti male.

Non è colpa di qualcuno (nostra o, più facilmente, loro):

> non serve punire per qualcosa
> che dipende dall'età e non potrebbe
> essere diversamente.

Si tratta di un periodo della vita particolare, vulcanico, insopportabile, creativo, su cui fondare le basi degli adulti che saranno domani.

«MOLLAMI!»

I ragazzi hanno bisogno di allontanarsi dal mondo degli adulti, dei genitori in particolare, di schiodarsi dal loro controllo.

Per un adolescente "separarsi" dai genitori è un processo necessario e una tappa fondamentale verso la costruzione della propria identità e della propria vita futura. Non che sia davvero pronto per andarsene: sperimenta la tensione tra il desiderio di attaccamento e cura che ha caratterizzato la vita infantile e il bisogno di autonomia, di esplorare il mondo al di fuori delle mura di casa. È una tensione positiva, che fa crescere.

Tanto l'infanzia era un momento di adeguamento, e di ricerca di questo adeguamento in tutti i modi possibili, anche quelli meno prevedibili, tanto l'adolescenza è, viceversa, un'età in cui il disinteresse e l'opportunismo nei confronti dei genitori acquista una dimensione quasi naturale. Il ragazzo normale punta a liberarsi dal controllo adulto, quello che racconta e consegna tutto ai genitori rischia di sviluppare disturbi.

Alcuni episodi aiutano a inquadrare la faccenda.

Non cercarlo o ti ammazzo

Inizio delle vacanze di Natale: Davide, 11 anni, ha cominciato da qualche mese a frequentare la prima media. Cercando di aiutare il figlio a organizzare i compiti, per evitare che si riduca a farli all'ultimo momento, Sonia, la mamma, gli propone di controllare insieme la quantità dei compiti segnati sul diario.

«Mamma, guarda, non lo so quali sono i compiti.»

«Come non lo sai? Guardiamo sul diario, no? Saranno scritti lì...»

«Mamma, non ce l'ho il diario.»

«In che senso, scusa, non hai il diario? Lo hai dimenticato a scuola?»

«Me l'hanno rubato.»

«Ti hanno rubato il diario?! E chi?»

«Non lo so. Mi hanno lasciato un foglio in cartella con scritto: NON CERCARLO O TI AMMAZZO!»

Sonia è allibita e spaventata. «Eh...? Fammi vedere subito questo foglio!»

Messo alle strette, Davide, che non si aspettava che la madre prendesse sul serio il suo tentativo di depistarla, arrabatta una risposta: «Non ce l'ho, mamma. L'ho buttato nel cestino della carta, a scuola...».

Sonia non ha proprio colto che quella del figlio non è altro che una messinscena e chiama subito la scuola chiedendo un colloquio con la dirigente. Davide, sempre più smarrito di fronte all'imprevista determinazione materna, è costretto ad andare con lei. Ovviamente a scuola l'inghippo si rivela in tutta la sua adolescenzialità: non esiste alcun biglietto minatorio e, durante il colloquio, la madre, esterrefatta, viene a sapere che è stato il figlio stesso a far sparire il diario perché pieno di note disciplinari. Davide si era inventato tutto.

Sonia mi dice: «Non sa com'era convinto... Mi sono arrabbiata come una furia. Il problema non erano i compiti, a quel punto, ma le note che aveva preso prima delle vacanze e che non voleva mostrarmi per non rovinarsi i giorni di festa!».

Davide ha già fatto il suo ingresso nel mondo della preadolescenza: ha tentato di sviare la madre, di bypassarla, e ha provato a circuirla nel tentativo di ottenere il risultato a lui favorevole. I ragazzi e le ragazze sono molto ingegnosi in situazioni di questo tipo, le provano davvero tutte. D'altra parte non riescono a mettere in conto ogni possibile esito delle loro azioni, hanno ancora un cervello molto instabile, una scarsa disponibilità mentale a considerare la realtà dei fatti in maniera globale. A fronte dell'estrema ingegnosità di questo tentativo, a Davide manca ancora la capacità di capire che era pressoché ovvio che la madre in qualche modo scoprisse l'arcano.

Il tema di fondo è comunque il tentativo di sfuggire al controllo, riassunto in quel tipico insieme di espressioni colorite – «Lasciami stare!», «Mi rovini la vita!», «Mollami!» – che, chi più chi meno, tutti i genitori di adolescenti hanno avuto il piacere di ascoltare.

Un altro episodio mi è stato raccontato da un padre.

Devi disperarti

In vacanza con la figlia tredicenne che ha appena finito la seconda media, un padre riceve la richiesta di poter trascorrere la notte a una festa in spiaggia, insieme a un'amica. «No, sei troppo piccola» risponde lui. «Non me la sento di lasciarti in spiaggia tutta la notte. Al massimo puoi restare fino a mezzanotte. A dormire torni a casa.» Ovviamente la figlia cerca di convincerlo in tutti i modi: insiste, si lamenta, quasi si mette a piangere. Il padre tiene duro.

Il giorno successivo, controllando lo smartphone della ragazza, il padre intercetta alcuni messaggi dell'amica, anche lei tredicenne ma un po' più sgamata, dove le elencava una serie di consigli su come persuadere il padre e ottenere il consenso per la festa.

Ecco il prontuario:

1. Devi piangere.
2. Devi dire che non sei una cosa nelle sue mani.
3. Devi dire che sei grande e che vuoi la tua libertà.
4. Devi disperarti.

Il padre mi racconta che in effetti la figlia aveva tentato di mettere in atto qualcosa del genere ma con scarsi risultati: si era sforzata di piangere, ma non ci era riuscita granché bene.

L'ennesima dimostrazione che l'infanzia è finita.

> Quel bambino che se combinava una marachella
> te ne accorgevi lontano un miglio,
> ha lasciato il posto a un ragazzo sveglio,
> che elabora strategie alle tue spalle.

La cosiddetta preadolescenza, considerata come una zona "cuscinetto" tra una fase e l'altra, è oggi sempre più breve e comunque complessa, e il genitore che non ha una qualche esperienza pregressa appare davvero impreparato.

Ecco un altro racconto interessante.

L'arte del bianchetto

La settimana scorsa mio figlio di 12 anni ha preso una nota perché aveva giocato a carte con i suoi compagni durante la lezione. Arriva a casa e mi mostra il diario da firmare: c'era una scritta tutta sbianchettata e riscritta a matita con alcune informazioni in merito a un'uscita di classe. Io ho firmato, ma il dubbio mi è rimasto, così qualche giorno dopo ho ricontrollato il diario. Aveva cancellato la parte sul giocare a carte e scritto a matita la vicenda dell'uscita, poi, ottenuta la mia firma, ha riscritto sul bianchetto la nota originaria e l'ha mostrata all'insegnante. Per stavolta ho lasciato perdere, non mi sembrava una questione fondamentale, ma se lo fa ancora... che faccio?

> Gli adolescenti sono così: sgradevoli al punto giusto.
> Punirli per i loro tentativi è poco efficace:
> non saranno i nostri castighi a mettere fine
> ai loro sforzi di svincolarsi dal nostro controllo.

Sono gli stessi ragazzi a confermarlo.

Rosa, 16 anni

Quand'ero più piccola e magari combinavo qualche monelleria mia madre mi rincorreva con una pantofola o un mestolo in mano. Ora, l'unica cosa che possono fare è vietarmi di uscire o limitarmi l'uso del cellulare. Magari devo sorbirmi le loro urla, ma niente di che.

Nella sua essenzialità questa testimonianza ci mostra una ragazza indifferente a urla e punizioni. Quand'era piccola ne era spaventata, ma adesso il suo mondo è troppo lontano da quello dei genitori. L'adulto si ritrova in una situazione di impasse: o alza il tiro e utilizza punizioni drastiche che, come abbiamo visto, finiscono poi per rivelarsi davvero controproducenti e minare il rapporto alla base, oppure, come capita quasi sempre, non sapendo proprio che pesci pigliare ricorre alle classiche punizioni privative. «Niente di che» commenta Rosa, che si considera impermeabile a questo tipo di castighi. Il suo mondo non sembra più, come quello dei bambini, sensibile alle ripercussioni delle proprie azioni sui genitori. È un altro capitolo.

Bianca, 15 anni

> I miei genitori non mi puniscono, ma hanno l'abitudine di farmi prediche interminabili che, dopo i primi quattro secondi, cambiano totalmente tema.
> A volte mi proibiscono di uscire se prima non riordino la mia stanza...

Il livello di distacco di Bianca è tale da permetterle di fare ironia sugli interventi degli adulti, mostrando quasi del sarcasmo nel verificarne l'inefficacia.

> Vale davvero la pena continuare in questo modo?

Sarà utile tutto quel fluire di parole? Credo invece che sia piuttosto rischioso:

> potremmo ritrovarci in situazioni che anziché rafforzare la nostra autorevolezza la minano duramente.

Francesco, 16 anni

> Non vengo punito dai miei genitori da almeno 5 anni, e ora ne ho 17. Questo perché i miei genitori ripongono davvero

> grande fiducia in me e sanno che punirmi non avrebbe senso dato che, per mia fortuna, una volta compiuto uno sbaglio imparo sempre la lezione e poi ormai non essendo più un bambino non do loro motivo di punirmi.

Francesco ha individuato un'altra strategia per evitare il controllo: si sottrae alla possibilità stessa dei loro interventi. Non dà motivo. Anche questa tattica è finalizzata al bypassare, allo svincolarsi dalle figure genitoriali.

È questa la caratteristica fondamentale del percorso evolutivo adolescenziale, e i genitori devono metterla in conto per non rischiare di riproporre comportamenti e schemi educativi che, se risultano utili quando i loro figli sono piccoli, si riveleranno irrimediabilmente soffocanti, e inconcludenti, nella fase dell'adolescenza.

> È il bambino che cerca la vicinanza
> con i genitori, l'adolescente
> è proiettato sui coetanei.

Perché continuare a utilizzare delle modalità che appartengono al passato e che impediscono ai nostri figli di crescere? I ragazzi hanno il compito evolutivo di sviluppare la loro corteccia prefrontale, quella deputata alla socialità e all'interazione con il mondo circostante e l'esperienza.

> Lasciamoli andare. A noi spetta il compito
> di aiutarli a regolare questo processo, vigilando
> sui pericoli e impostando buone regole di convivenza,
> a partire da quella domestica.

Tanti genitori si lamentano che i figli trasformano la casa in un albergo: io spesso osservo che può anche funzionare se l'obiettivo è aiutarli a imparare a stare al mondo.

> Il genitore preparato
> non pretende che il tempo si fermi.

Predispone una buona *reception* e non continua a lamentarsi sbuffando: «Questa casa non è un albergo».

Per finire, un ultimo episodio.

Non ti vedo!

Ho deciso di staccare ventiquattr'ore e concedermi un po' di relax alle terme di Acqui, un posto incantevole che mi è piaciuto molto. Ma sono "inseguito" dal lavoro. Dopo la piscina termale mi infilo nel bagno turco, una stanza piuttosto grande, densa di vapore da non vedere niente. Dentro ci sono anche ragazzi di varie età.

A un certo punto, nella nebbia, sento un urlo materno: «Eugenio... non ti vedo!». Cosa starà combinando il pargolo? Ed ecco che sbuca dal vapore termale un ragazzo grande e grosso, di almeno 14-15 anni che, fortunatamente per lui, non si degna di emettere neanche un grugnito di risposta.

PLASTICI MA INSTABILI

Negli ultimi anni le neuroscienze hanno contribuito in modo piuttosto significativo a svelare il funzionamento e le caratteristiche del cervello adolescenziale. Molte delle loro scoperte confermano quello che già sapevamo grazie alla psicologia dell'età evolutiva e alla psicanalisi, ma il loro apporto specifico sta nell'aver chiarito dal punto di vista neurofisiologico alcune peculiarità del funzionamento cognitivo degli adolescenti.

Se la psicologia spiega i comportamenti specifici dell'adolescenza, le neuroscienze ci forniscono la base cerebrale di questi comportamenti.

La neurologa Frances Jensen chiarisce:

> “L'adolescenza è uno stadio di sviluppo in cui si hanno eccellenti capacità cognitive e alti ritmi di apprendimento e memorizzazione, perché le une e gli altri fanno ancora assegnamento sulla superiore plasticità sinaptica dell'infanzia. Queste capacità conferiscono agli adolescenti un netto vantaggio sugli adulti, ma poiché essi sono così stimolati ad apprendere, sono anche particolarmente soggetti ad apprendere le cose sbagliate. Come mai si verifica questo fenomeno? Tutto risale al forte desiderio di gratificazioni del cervello e al fatto che qualunque cosa, buona o cattiva, che stimoli la produzione di dopamina, è interpretata da esso come ricompensa. Ciò significa che anche una minima stimolazione del cervello adolescente induce a desiderare intensamente altra stimolazione, che in determinate circostanze produce una sorta di sovrapprendimento o dipendenza.[2] ”

> In adolescenza i ragazzi sperimentano un'espansione cognitiva di una plasticità enorme, sono molto abili nell'apprendere e memorizzare.

Se chiediamo a un adulto qualcosa che ha imparato (e che ancora ricorda!), che si tratti di una competenza musicale, linguistica o magari motoria, nove volte su dieci l'apprendimento sarà avvenuto nel periodo adolescenziale, specialmente tra gli 11 e i 16 anni, quando le finestre cognitive sono spalancate sul mondo. È quello che ci aveva detto a suo tempo anche Piaget: siamo nel pieno del pensiero astratto.

Le neuroscienze però precisano che a fronte di queste grandi capacità cognitive, il sistema complessivo è instabile.

> Le interferenze emotive, poco controllate dalla corteccia cerebrale, li rendono suscettibili, permalosi e portati a espandere le reazioni in maniera significativa.

Per questo le richieste degli adolescenti appaiono spesso eccentriche, legate a stati psichici interni molto particolari, non sempre facilmente intuibili. Ricordo due genitori alle prese con un diciassettenne dalla passione per gli animali, non esclusivamente domestici. Carlo era riuscito a ottenere dai suoi genitori il permesso di tenere nel garage di casa un falco, uno di quelli da caccia, animale di cui era appassionato. Ai genitori, però, la situazione era un po' sfuggita di mano: avevano assecondato la richiesta, ma sostanzialmente la subivano. Carlo era perfettamente organizzato: ogni mese si faceva spedire da un Paese dell'Est Europa un certo numero di quaglie surgelate, necessarie a nutrire il suo volatile.

La situazione è precipitata quando il ragazzo ha chiesto anche un pitone. A quel punto i genitori si sono rivolti a me. La madre era esasperata: «Adesso basta! A me il pitone fa schifo, non posso sopportare nemmeno l'idea di tenerne uno in garage». Il problema era che Carlo insisteva e lei ormai si era quasi convinta che suo figlio soffrisse di qualche grave disturbo psichiatrico. Alla fine i genitori si sono rifiutati di assecondare la richiesta del pitone ma, fino all'ultimo, l'avevano presa in considerazione.

Il problema è proprio questo: l'adolescente è instabile, va contenuto. È inutile arrabbiarsi o punirlo perché fa le richieste più assurde o perché, una volta ottenuto quello che vuole, se ne disinteressa completamente. Quanti adolescenti vogliono a tutti i costi un cane e poi tocca ai genitori occuparsene? La strategia vincente sta nella capacità di arginare le richieste che fanno proprio perché si sentono onnipotenti, ed è una conseguenza della fase neurofisiologica di espansione cerebrale che stanno vivendo.

Non è possibile, però, cercare di persuaderli a parole. Una ricerca congiunta delle università di Pittsburgh, Berkeley e Harvard ha individuato la base neurologica del tipico atteggiamento adolescenziale di scarsa disponibilità e, nel migliore dei casi, di irritazione nei confronti dei rimproveri e delle critiche dei genitori: praticamente non le sentono. Monitorando l'attività cerebrale di quaranta ragazzi compresi tra gli 11 e i 17 anni mentre ascoltavano trenta secondi di ramanzine materne, gli studiosi si sono accorti che le aree cerebrali deputate all'intelligenza e alla competenza sociale rallentavano notevolmente la loro attività, mentre si vivacizzavano le aree del cervello deputate a elaborare le emozioni negative.[3]

> In sostanza, se aggrediti verbalmente,
> gli adolescenti aumentano la reattività emotiva
> ma diminuiscono le capacità cognitive,
> in particolar modo quella di cogliere le ragioni altrui.
> Di fatto, "spengono" il cervello.

Serve dunque un'organizzazione più complessa.

I ragazzi sembrano muoversi all'interno di desideri molto ambivalenti, ondivaghi. In estate vorrebbero, in contemporanea, prendere lezioni di vela, di inglese, di chitarra, incontrare gli amici e divertirsi al mare. Questa disponibilità del cervello adolescenziale, capace anche di improvvisazione, è eccezionale, ma è anche estremamente stressante da gestire per i genitori che, soprattutto se l'irruenza che la caratterizza si ripercuote sui risultati scolastici, sperimentano momenti di grande difficoltà.

La discrepanza fra la versione dei fatti – più che altro "desiderata" – dei ragazzi e l'evidenza dei dati reali è palese, in particolare in merito alla scuola. Quando un genitore chiede informazioni sull'andamento degli studi, la tipica risposta mira a rassicurare, simulando un controllo che spesso non esiste. «Tranquillo papà, tutto bene, nessuna insufficienza. Non c'è neanche bisogno che vai ai colloqui.» E anche quando il registro elettronico, se non direttamente la pagella, rivela due o tre insufficienze, neppure l'oggettiva smentita li turba: «Sì certo... lo sapevo che facevano così... Sono quei soliti due prof che ti dicevo, papà... Io ho preso la sufficienza, ma loro hanno voluto comunque darmi l'insufficienza».

Cosa possiamo fare? Punire non ci aiuta ad accompagnare i figli nel loro processo di progressiva maturazione, e il primo passo sta proprio nel

> non confondere la loro immaturità
> con qualche disturbo dell'apprendimento
> o di altra natura.

Sul piano psichico, specialmente tra gli 11 e i 14 anni, il senso di spaesamento proprio di un'età turbolenta, di grandi trasformazioni, ancora vittima di una certa nostalgia per l'infanzia, è forte, e può creare momenti di difficoltà anche nella vita scolastica.

Non bisogna contrapporsi a questo processo ma sostenerlo, non punire gli errori che possono verificarsi, ma aiutare ragazzi e ragazze a vivere questi momenti come esperienze di crescita e non di mortificazione.

> Basta la realtà, con il suo carico di frustrazioni e difficoltà del processo di crescita, ad attivare l'adattamento. Ai genitori spetta il compito di favorirlo e sostenerlo.

AFFASCINATI DALL'IMPREVEDIBILE, MA POCO CAPACI DI VALUTARNE I RISCHI

Fino ad alcuni anni fa si pensava che l'imprevedibilità e la propensione adolescenziale a cacciarsi nei guai fossero fattori individuali, legati a elementi quali il carattere e la predisposizione personale all'avventura e al pericolo. Oggi, grazie agli studi più recenti, sappiamo che durante l'adolescenza questi comportamenti hanno origine da processi fisiologici.

Elenco le trasformazioni principali che subisce un cervello adolescenziale perché spesso da esse scaturiscono quei tratti comportamentali, così diversi sia da quelli infantili sia da quelli adulti, che colgono impreparati i genitori.

Cambiano i ritmi circadiani. Se fino ai 10, 11 anni quando lo mandavi a letto alle 21.30 si addormentava, ora non ne vuole più sapere. Crescendo, poi, la tendenza a restare svegli sempre più a lungo, con la conseguente fatica ad alzarsi al mattino, aumenta in modo esponenziale: esistono adolescenti che trascorrono la notte più o meno insonni, spesso a chattare su ogni social possibile e immaginabile. Non è una questione di trasgressione, non sto parlando dei ragazzi che passerebbero tutte le notti in discoteca. Si tratta di un'effettiva trasformazione del ritmo circadiano, dovuta a una variazione biochimica degli ormoni che inducono il sonno.

Il ritmo circadiano, che regola l'alternanza sonno-veglia sulla base del ritmo notte-giorno, subisce quindi alcune modifiche rilevanti, che compromettono la disponibilità adolescenziale ad addormentarsi a orari compatibili con le esigenze scolastiche quotidiane. Ma, spiega Russell Foster, direttore dell'istituto che studia il sonno e i ritmi circadiani dell'Università di Oxford, diversi studi pionieristici sul sonno adolescenziale hanno confermato che «i ragazzi hanno bisogno di almeno 9 ore di sonno notturno per mantenere un buon livello di attenzione e performance scolastica. L'evidenza dell'importanza del sonno è schiacciante. Ampie ricerche hanno dimostrato il ruolo critico che svolge sulla capacità di memoria e di produzione di soluzioni innovative a problemi complessi. La privazione del sonno aumenta i livelli del cortisolo, l'ormone dello stress. Anche comportamenti impulsivi, la mancanza di empatia, il senso dell'umorismo e l'umore risultano a esso correlati».[4] D'altronde, lo stesso Russell precisa che la biologia è solo una parte del problema: «Altri fattori concorrono con la predisposizione adolescenziale ad andare a letto più tardi, come una minore attenzione genitoriale a regolare le ore di sonno, una generale disinformazione sull'importanza del dormire un numero di ore adeguato e il libero accesso a televisione, computer, videogiochi, cellulari che induce la veglia e la fame nelle ore solitamente deputate al riposo».[5]

Occorrono una maggiore informazione e un'attenzione più adeguata.

> Come può un ragazzino di 14 anni dormire solo 5 ore per notte e poi il giorno dopo mostrarsi recettivo e partecipe a scuola?

Le giuste ore di sonno devono essere organizzate senza che videoschermi e dispositivi digitali di ogni tipo interferiscano con il riposo notturno.

Una diversa percezione spaziale. Quasi tutti i genitori si lamentano della stanza dei figli adolescenti, che a volte somiglia a un campo minato. Anzi, in alcune case sembra proprio che siano state tirate su le barricate per impedire ai genitori di entrare.

Se da un lato il disordine è funzionale a tenere lontano mamma e papà, dall'altro è in parte conseguenza dell'immaturità cerebrale. Una ricerca dell'Università di Bologna su circa un centinaio di adolescenti ha dimostrato che gli scatti di crescita improvvisi, tipici del periodo, influiscono sulla capacità della mente dei ragazzi di controllare l'andatura e i movimenti fini. Assieme ad altri fattori, come i cambiamenti ormonali, cognitivi e socio-emotivi, possono concorrere a diminuire l'organizzazione motoria e il controllo della motricità e ad aumentare così l'instabilità, la goffaggine e la difficoltà del cervello a gestire il corpo nello spazio.[6]

Il disordine si collega anche alla tendenza, incentivata oggi a dismisura dai dispositivi tecnologici, al *multitasking*. La convinzione di riuscire a fare più cose contemporaneamente è stata da un lato confermata, ma dall'altro si è rivelata fonte di ritardi nell'esecuzione. I ragazzi sono convinti di poter svolgere più attività allo stesso tempo e ci riescono anche, ma il risultato è piuttosto limitato.

Riuscirà a studiare mentre chatta su WhatsApp, ascolta musica e intanto magari mangia? Può sembrare. Ma la verità è che alcune attività mentali, come lo studio, richiedono una dose di attenzione e concentrazione che anche il più efficiente *multitasker* non può comunque riuscire a mantenere elevate e costanti nel tempo. Lo spazio e il tempo dedicati allo studio devono essere strutturati e ben presidiati. Anche qui, il compito degli adulti consiste in un ruolo necessario di guida e supervisione.

L'attrazione per il pericolo. L'adolescenza è l'età in cui la percezione e la consapevolezza del pericolo sono le più basse che si registrano in tutto il corso della vita di un essere umano.

Lo conferma anche Alberto Oliverio: «Per loro natura, i ragazzi tendono a essere impulsivi. Gettarsi a capofitto in situazioni nuove, rispondere a stimoli attraenti, fare esperienza di alcol o droghe di vario tipo fanno parte delle caratteristiche di un'età in cui l'azione precede spesso la riflessione. Ovviamente non tutti gli adolescenti sono impulsivi perché la personalità è una caratteristica estremamente variabile: ma nella maggior parte dei casi il rispondere in modo immediato a molte situazioni rispecchia una caratteristica del loro sistema nervoso, l'immaturità della corteccia frontale, priva ancora di connessioni stabili.»[7]

Varie indagini, in particolare delle compagnie assicurative, hanno evidenziato che, purtroppo, ragazzi e ragazze sono proprio i più esposti a rischi di ogni tipo: hanno da duecento a trecento possibilità in più di morire rispetto ai bambini, rischiano di diventare giocatori d'azzardo patologici dalle due alle quattro volte più degli adulti, sono vittime o autori di violenze più che le altre fasce d'età, sono i più impiegati dalla criminalità organizzata per azioni di violenza.

Scrive Jay N. Giedd: «Il senso del pericolo è basso. È proprio un elemento caratteristico dell'età. Non per niente purtroppo sono proprio i ragazzi i più esposti alla violenza e i più utilizzati nelle guerre e nelle situazioni di esposizione al rischio e al pericolo come se la disponibilità fisiologica favorisse tutto questo».[8]

In questa fase della vita l'immaturità produce comportamenti strani, determinati anche da una scarsa percezione delle conseguenze.

Paolo, 16 anni, come tutti i maschi a quell'età, è molto preso dalla sua vita sentimentale. I suoi compagni si fidanzano e anche lui comincia a darsi da fare. In particolare è interessato a una ragazza, con cui prova a comunicare attraverso Facebook senza ottenere grandi risultati. Nel tentativo di riuscire a far colpo su di lei non trova niente di meglio che creare un profilo fasullo, fingendo di essere Damiano, un caro amico di Paolo, ed entra in contatto con lei con l'obiettivo di mettere in buona luce ai suoi occhi il vero Paolo. La corrispondenza procede, al punto che, paradossalmente, la ragazza comincia a provare interesse, non tanto per Paolo ma per il suo alter ego Damiano. È una situazione grottesca che poi è Paolo stesso a sciogliere, non riuscendo più a gestirla, rivelandosi alla ragazza.

E lì viene il bello: invece della temuta reazione di rabbia, la ragazza non si stranisce affatto della mossa di Paolo, anzi capisce di piacergli davvero.

Quella che i genitori potrebbero considerare una truffa, una mossa ingannatrice e poco sincera, addirittura perseguibile penalmente, dai ragazzi viene considerata "normale". I rischi, i pericoli, le situazioni assurde in cui si cacciano rivelano tutta la sprovvedutezza e l'incapacità di cogliere la complessità del reale. La preoccupazione, l'ansia e la paura per i pericoli sono il capitolo più intriso di emozioni per i genitori di adolescenti. Tra l'altro, sottolinea Frances Jensen, «i teenager hanno sempre commesso atti impulsivi e sconsiderati, ma gli strumenti digitali che hanno oggi a disposizione hanno accresciuto in misura esponenziale i pericoli e senza dubbio anche le conseguenze di quella sconsideratezza».[9]

Le occasioni, per un adolescente, di esporsi a situazioni che possono diventare critiche sono infinite e difficili da prevedere. Il mondo concreto e reale ne fornisce già un buon numero, ma oggi anche quello virtuale e digitale ne offre una quantità e una tipologia che ancora facciamo fatica a cogliere, figurarsi a controllare. È tutt'altro che semplice individuare strumenti e modalità per monitorare i più di trenta social e le infinite applicazioni che i ragazzi hanno a disposizione: una volta scoperte le caratteristiche e i potenziali rischi insiti in uno, ne spunta un altro.

I genitori si sono ritrovati impreparati e sprovveduti soprattutto di fronte alla repentina avanzata degli smartphone, che da strumento telefonico si sono trasformati in una via – preferenziale e incontrollata – di accesso alla rete. Il caso di WhatsApp è lapalissiano: il regolamento prevede l'utilizzo a partire dai 16 anni ma ormai anche tantissimi bambini di 10, 9 anni dispongono di questa applicazione che richiede l'accesso a internet e quindi la possibilità di libera connessione attraverso il cellulare. Nessuno sembra essersi accorto che le app hanno un regolamento, dunque delle norme che è obbligatorio sottoscrivere, e che la maggior parte delle volte restano pressoché sconosciute e disattese.

A fronte di tutta l'instabilità, l'imprevedibilità e l'impulsività a cui i genitori sono sottoposti, c'è però un fattore che gioca a loro vantaggio. Una complessa ricerca scientifica ha dimostrato che

> la presenza degli adulti nella vita adolescenziale è comunque importante e contribuisce a ridurre significativamente i comportamenti a rischio.

Non serve l'invadenza, basta porsi a una chiara e percepibile distanza per spingere i ragazzi a comportarsi in modo meno avventato e inibire l'eccessiva tendenza alla ribellione che invece si rafforza con la vicinanza dei coetanei.[10]

Per essere genitori presenti, autorevoli ma non ossessivi, bisogna sapere organizzare un processo educativo che, come ho già spiegato in *Urlare non serve a nulla*, deve puntare sulla figura del padre o comunque sui valori paterni.[11]

> L'accondiscendenza, l'accudimento, la protezione,
> la propensione alla conversazione, tipici
> delle mamme, si rivelano poco efficaci a gestire
> un'età che è in fuga dagli adulti.

I valori paterni, più legati alla capacità di negoziare regole chiare, limiti e anche di legittimare in modo corretto il bisogno di espansione esplorativa dei giovani, si rivelano più efficaci e garantiscono un maggior successo.

> La convergenza educativa sul padre, quando c'è,
> o comunque sui codici paterni, è assolutamente
> decisiva in questa straordinaria,
> ma anche critica, età della vita.

COME FARE

Evitare di colpevolizzarli

Come abbiamo visto, i ragazzi sono più impermeabili dei bambini agli interventi degli adulti, sono meno interessati a un mondo dal quale stanno tentando di svincolarsi. La posizione che assumono è completamente diversa da quella infantile, addirittura in alcune circostanze si manifesta come disinteresse, o si trasforma in opportunismo: i desideri profondi non sono più orientati all'adeguamento al mondo adulto ma a cercare la propria strada. Non può essere una colpa; va letta come una necessità evolutiva.

> Un adolescente troppo accondiscendente
> non è educato, è anomalo.

Questo tipo di atteggiamento assume diverse forme, dalle classiche risposte sulla scuola, o sull'orario di ritorno a casa – «Stai tranquillo», «Non preoccuparti», «Va tutto bene», «Torno presto...» –, a problematiche più complesse come l'uso di alcol o sostanze di vario tipo: «Sì, mamma, i miei amici lo fanno... ma io no!».

Le testimonianze dei ragazzi, nella loro varietà, non lasciano dubbi.

Annamaria, 15 anni

È rarissimo che i miei genitori mi puniscano, perché riesco da sola a darmi una regolata. Ho 15 anni e forse l'ultima punizione che ho avuto è stata in prima media, per un brutto voto. Mia madre non mi fece uscire per tre giorni, e io recuperai subito l'insufficienza. A volte mi sgrida molto se rispondo male ma non si arriva alle punizioni.

Roberto, 16 anni

I miei genitori mi puniscono per tutto, per la scuola e per il mio comportamento. È da novembre che non uso PlayStation e computer perché andavo male a scuola. Dicono che me li ridaranno d'estate. In alcuni casi arrivano a sequestrarmi anche il cellulare... Tanto ormai sono indifferente, ci sono abituato.

Anche se da punti di vista diversi, l'atteggiamento di Annamaria e Roberto è di disincanto rispetto alle punizioni dei genitori: si percepisce indifferenza e una certa noncuranza,

> quasi che le punizioni fossero un prezzo da pagare, una sopportazione necessaria. Non sembrano indurre nei ragazzi i comportamenti "giusti",

ma semplicemente una rassegnazione rispetto al mondo degli adulti, percepito sempre più lontano. È difficile che le punizioni a quest'età abbiano qualche chance di essere interiorizzate e di insegnare qualcosa ai ragazzi, per cui nella stragrande maggioranza dei casi l'obiettivo per cui i genitori le applicano viene mancato.

Rita lo conferma con il suo racconto.

Rita, 12 anni

Una volta sono stata sgridata dai miei genitori perché ho rotto il telefono. Mi hanno messo in punizione mandandomi a letto senza cena. Papà mi ha portato qualcosa da mangiare di nascosto, ma io sono rimasta a piangere tutto il tempo.

Una volta la mamma mi ha tirato una scarpa sulla schie-

> na... che male! Avevo rotto il telecomando... Mi è caduto e si è rotto. Mi sono sentita uno schifo.

Più che imparare qualcosa i figli vivono il comportamento genitoriale con amarezza e mortificazione. È raro che ci sia un momento di riconnessione rispetto a quello che è avvenuto.

Nel brano seguente, Giorgio, 13 anni, descrive invece la sua stressante esperienza:

> Era un pomeriggio d'estate e stavo facendo i compiti. Dato che mi annoiavo, ho chiamato un mio amico e ci siamo messi a giocare a baseball in casa. Proprio quando stavo per conquistare l'ultima base, ho rotto un vaso di mia madre che costava 198 euro.
>
> Sono corso subito in camera mia e il mio amico se n'è tornato a casa sua. A un certo punto mi sono ricordato che mia madre sarebbe tornata tardi quella sera e che avevo la super colla! Così ho provato a riattaccare tutti i pezzi, come un bimbo che cerca di fare un puzzle, ma inutilmente. Non mi sono reso conto che era passata già un'ora e ho deciso di andare a finire i compiti. Poi sono tornato a quell'impossibile puzzle. Dopo quattro lunghe ore ho cominciato a sclerare! Di colpo è entrata mia madre e ha detto: «Cosa cavolo hai combinato? Quel vaso costava quasi 200 euro! Ti rendi conto di ciò che hai fatto?». È andata di sopra che sembrava un toro furente e ho sentito una voce (mia madre) che urlava: «Sei un demonio! Niente telefono per una settimana!». E io a quel punto ho strillato: «Nooo! Tutto ma non il telefono». E così ho dovuto sopportare una settimana tremenda senza chattare né giocare!

Da questi racconti si percepisce solo un senso di smarrimento, non certo una vera comprensione di quello che è successo.

> Se il genitore punisce in funzione di far imparare qualcosa, l'obiettivo ha pochissime possibilità di raggiungere il suo scopo con gli adolescenti.

Anzi, data la velocità cognitiva con cui imparano ad adattarsi alle circostanze, in alcuni casi

> i ragazzi sviluppano la capacità di fingere un pentimento che in realtà è solo un modo per gestire il nervosismo e l'esplosione emotiva dei genitori.

Non autoritari ma autorevoli

La tentazione di portarli in un collegio svizzero e lasciarli lì fino ai vent'anni spesso è forte. Ma, come abbiamo visto, la presenza dei genitori è necessaria. Solo che deve cambiare. Né la mamma amorevole e comprensiva, né il padre autoritario, pronto a giudicare e sanzionare ogni azione, frase, o anche soltanto un atteggiamento, ottengono risultati.

L'obiettivo non è vincere a braccio di ferro, sconfiggere l'adolescente nelle sue intemperanze, ma deve essere quello di trovare il giusto modo di porsi.

> La formula chiave per l'adolescenza è l'"organizzazione paterna".

Non si tratta solo di attivare un principio organizzativo che ci affranchi dalle trappole emotive e che permetta ai figli di trovare la chiarezza necessaria per esercitare la loro libertà senza diventare a loro volta tirannici, ma occorre anche spostare alcune dinamiche, far entrare in gioco il codice paterno.

> Norme adeguatamente negoziate,
> dentro vincoli precisi,

una presenza che riconosce e legittima la possibilità di lasciare il nido materno e affrontare la vita con coraggio. È il momento del padre, o dei valori paterni. La mamma non può che fare un passo indietro, o, se è da sola, abbandonare il codice educativo a lei più congeniale fatto di assistenza, protezione, insistenza, accudimento, ridondanza. La supermamma che pretende nell'adolescenza dei figli di essere ancora il loro punto di riferimento principale, rischia di soffocarli spingendoli verso trasgressioni anche pericolose.

Quando scopro che alcuni ragazzi o ragazze dormono ancora nel lettone a 12 anni, percepisco un allarme e avverto che la situazione non prelude a niente di buono.

Si è rotto qualcosa nel rapporto fra padri e madri. Scomparsa la rigida divisione dei ruoli di un tempo, che assegnava alla figura paterna la gestione delle regole e della disciplina e a quella materna un ruolo più morbido, la costruzione oggi di una nuova alleanza educativa non è facile. Permane nelle mamme una memoria spiacevole, che interferisce nel gioco di squadra: «Non mi fido; non ci riesce...», «Si innervosisce subito e si mette a urlare» sono frasi ricorrenti che rivelano madri restie a coinvolgere il padre, relegato più che altro a una funzione ricreativa. Peccato che, in adolescenza, questa assenza educativa crei dei veri e propri vuoti.

> Molte situazioni adolescenziali critiche sono legate all'orfanità educativa paterna, alla mancanza di fiducia reciproca fra i genitori nella gestione di un'età fisiologicamente difficile,

dove l'opposizione, la trasgressione, la riluttanza sono tratti evolutivi, non eccezioni. A partire dagli 11 anni, le mamme dovrebbero saper rinunciare alla logica materna, fare squadra quando possibile con il padre, e comunque smettere di "tenere i figli nella pancia".

Mantenere le distanze senza rinunciare al proprio ruolo educativo

Se nei confronti dei bambini la vicinanza affettiva diventa spesso anche una vicinanza fisica che loro gradiscono moltissimo, finita l'infanzia è necessario abbandonare completamente le forme confidenziali infantili.

Troppi genitori chiamano ancora "tesoro" o "amore" i loro figli di 14, 16 anni (ma anche di 20 o 25), utilizzando termini che sono in genere destinati ai fidanzati. In questo modo il ruolo educativo si stempera in una matassa sentimentale che impedisce di agire con responsabilità. È molto frequente anche che i genitori rinuncino al proprio compito educativo per una sorta di complicità nei confronti dei comportamenti adolescenziali, quasi che provassero invidia per un'età così esplosiva e intrigante della vita. I sociologi ci ricordano che oggi troppi adulti restano eterni adolescenti.

Porsi a una certa distanza consente di osservare i figli provando a eliminare pregiudizi o supposizioni e idealizzazioni, e di imparare a fare le mosse giuste per gestirli. Non dimentichiamo che gli adolescenti si arrabattano e sgomitano, cercando di venir fuori dal mondo magmatico della loro crescita, fra ormoni ed emozioni amplificate, tra il senso di onnipotenza di un'età piena di energia e le inevitabili paure che questa stessa energia suscita. È l'adulto che ha il compito di mettere in campo una buona organizzazione educativa, una mappa di orientamento, un semaforo per guidare i ragazzi che fanno fatica a regolare la loro espansione con l'adattamento sociale.

Ricordo un amico che, alla fine della terza media del figlio, era dovuto intervenire energicamente per impedire che il ragazzo, bravissimo e uscito con il massimo dei voti, si iscrivesse a un istituto professionale. Sulla scia della moda culinaria, aveva deciso di frequentare una scuola alberghiera senza neanche averne una vera vocazione, sprecando un'incredibile potenzialità e notevoli capacità cognitive.

Fece bene il padre, in accordo con la madre, a opporsi: agli adolescenti serve una guida discreta ma sicura.

Lettera ai ragazzi e alle ragazze che avranno 15 anni

di Daniele Novara

Cara ragazza, caro ragazzo,
eccoti i miei assist per guardare al futuro con coraggio e creatività!

VIAGGIA

Inizia a conoscere i tuoi limiti e le tue risorse nell'avventura del viaggio, nello spostamento per conoscere nuove città, lingue diverse, altre persone. Non perdere queste occasioni. Convinci i tuoi genitori. Di' loro che non sono capricci, i tuoi, e che ***il viaggio conta come andare a scuola***. Forse di più.

VIVI LE RELAZIONI

Non isolarti. Le relazioni aumentano le tue possibilità. L'indice sociale nel concreto della vita è più importante del quoziente intellettivo. I rapporti che costruisci resteranno. ***Le amicizie potranno perdersi ma tu avrai imparato a interagire con gli altri***, a dare e a prendere, a comunicare e a gestire i tanti conflitti che si creano. Un vantaggio enorme per affrontare le mille sfide che ti aspettano.

LAVORARE STANCA, MA TI FA CRESCERE

Appena puoi, appena ne hai l'occasione, fai un'esperienza di lavoro. D'estate è l'ideale. Non arrivare a 25 anni senza aver mai lavorato. Si impara da ragazzi a farlo. Metti questa esperienza nel tuo curriculum.

Non stare ad aspettare che tutte le pedine siano al loro posto. Provaci subito.

GIOCARE SU UN PRATO È MEGLIO CHE SU UN VIDEOSCHERMO

Non farti fregare. Usare la realtà virtuale è comodo: videogiochi, siti web, contatti anonimi. Ma se ti lasci prendere troppo, ti trovi improvvisamente senza radici stabili, perso in ***un mondo che ti sembra vero ma che è solo apparenza***.

IMPARA

La facilità con cui si impara in questa tua età non tornerà più. ***Sfrutta al meglio questo momento***. Le lingue anzitutto. Il nostro caro italiano all'estero serve poco. E poi la musica, lo sport, le competenze tecnologiche, l'affettività e la sessualità. E non snobbare lo studio scolastico. Tutto questo ti resterà per sempre.

LEGGI

L'eccesso di immagini spegne l'immaginazione. ***Un libro, invece, non ti toglie nulla, aggiunge piuttosto alla tua fantasia la sensibilità che ci metti tu***, i collegamenti che, leggendo, puoi fare con la tua vita, le mille emozioni che ti incendiano, le mille riflessioni che ti possono venire.

CONDIVIDI

Un futuro migliore dipende anche dalla tua voglia di esserci quando serve il tuo aiuto, dalla capacità di prenderti cura della città in cui vivi, della natura, degli altri. ***La solidarietà inizia con te.*** Sei all'inizio di un lungo viaggio. Prendi tutto quello che puoi. Fai una bella scorta di esperienze.

Le parole scritte dal grande ***poeta greco Konstantinos Kavafis***, nella poesia *Itaca,* sembrano fatte apposta per accompagnarti lungo il cammino:

Devi augurarti che la strada sia lunga.
Che i mattini d'estate siano tanti
quando nei porti – finalmente e con che gioia –
toccherai terra tu per la prima volta:
negli empori fenici indugia e acquista
madreperle coralli ebano e ambre
tutta merce fina, anche profumi
penetranti d'ogni sorta, più profumi
inebrianti che puoi,
va in molte città egizie
impara una quantità di cose dai dotti.

Sempre devi avere in mente Itaca –
raggiungerla sia il pensiero costante.
Soprattutto, non affrettare il viaggio;
fa che duri a lungo, per anni, e che da vecchio
metta piede sull'isola, tu, ricco
dei tesori accumulati per strada
senza aspettarti ricchezze da Itaca.[12]

BUONA ADOLESCENZA!

9

ORGANIZZARE L'EDUCAZIONE SENZA PUNIRE: UN METODO IN SEI PASSI

Il Bobolino di mezzo, invece, ha grandi prati alberati,
ed era per me il posto più bello del mondo.
Il babbo mi accompagnava, si sedeva per terra,
con le spalle appoggiate a un albero
e mi lasciava libera, mentre lui leggeva i suoi libri di teosofia.
Correvo, mi arrampicavo sugli alberi come una scimmia,
a volte mi facevo male... ma lui non si preoccupava.
«Non è nulla!» risposi a una mamma
che guardava con apprensione un taglio profondo
che mi ero fatta con il filo spinato.
«Non lavarti con l'acqua infetta... e va a disinfettarti, mi raccomando!»
disse lanciando uno sguardo di rimprovero al mio babbo
che imperturbabile continuava a leggere
e non si era nemmeno accorto del piccolo incidente.
Ma io ero già corsa via ad arrampicarmi su un altro albero.
S. CERRATO, M. HACK, *L'universo di Margherita. Margherita Hack si racconta*

I FIGLI VANNO CONTENUTI NON PUNITI

L'immaturità dei figli mette a dura prova la pazienza e il sistema nervoso dei genitori.

I comportamenti a cui far fronte sono di solito imprevedibili, molto spesso fuori luogo: trasgressioni improvvise che non di rado comportano un certo rischio di pericolo, figli sempre zitti e distanti oppure che ti stordiscono con i loro sproloqui, richieste incessanti e disordine ovunque.

Racconta un papà, con un figlio di 14 anni:

> Cerco il dialogo, provo a parlargli, a fargli capire, a spiegare, ma è aggressivo. L'altro giorno ancora una volta mi ha detto: «Papà vaffanculo!». Non ci ho visto più e l'ho preso a botte.
>
> Mia moglie dice che in quei momenti sono irriconoscibile. È vero, perdo proprio il controllo. Vorrei comportarmi diversamente.

Mentre la mamma di una ragazzina di 11 anni spiega:

> Sulle punizioni siamo messi male. Io sarei più vecchio stampo, ma il papà è per il confronto e il dialogo. Il risultato? Di punizioni esemplari non ne abbiamo mai date ma abbiamo sfinito nostra figlia con argomentazioni di ogni tipo. Forse anche lei avrebbe preferito essere messa in castigo.
>
> Un bel tema potrebbe essere anche la coerenza tra genitori nel concordare le punizioni: *mission impossible* in casa nostra.

Due testimonianze agli antipodi, che comunque trasmettono il peso della situazione. Gli stessi genitori hanno la percezione che la gestione dei loro figli, in un caso basata su un eccesso emotivo e nell'altro su una fortissima disorganizzazione, non riesca a essere veramente efficace.

Difficile che un intervento colga nel segno se non nasce, in un modo o nell'altro, da un accordo tra la coppia educativa.

> I figli hanno un estremo bisogno di contenimento perché la loro immaturità non è un problema solo per i genitori, ma anche per loro stessi.

Se un bambino piccolo potesse fare tutto quello che gli suggerisce l'istinto, metterebbe di sicuro in pericolo la propria incolumità o quella della sua famiglia; lo stesso accadrebbe se un adolescente mettesse in atto ogni idea tra le mille che gli passano per la testa.

> È il contenimento, non la punizione,
> a consentire di gestire i figli con efficacia.

I figli percepiscono in maniera chiara, prevedibile e sostanzialmente adeguata, di poter contare sui genitori e hanno bisogno di sentire che madre e padre sono in grado di gestire le loro "insubordinazioni" senza mortificarli.

L'educazione è una questione di misura: tollerare una certa immaturità, senza trasformarsi in genitori accondiscendenti e sempre disponibili, ma contenendo e guidando il processo di crescita.

Ricordo un episodio accaduto in pubblico, in una piazza di Verona, che mette bene in luce i rischi che derivano dalla servizievolezza.

Ti becchi un ceffone

Sono a Verona per un convegno e alla sera decido di andare a mangiare qualcosa in piazza dei Signori. La serata è calda e tanti bambini stanno giocando. Al tavolo vicino al nostro una normale famiglia con papà, mamma e bambino ordina delle pizze. Nel mentre il pargolo, che avrà circa 8 anni, chiede al padre di poter usare il suo smartphone, ricevendo un rifiuto. Il bambino si offende terribilmente e scappa via dal tavolo, cercando di allontanarsi addirittura dalla piazza.

Dopo qualche minuto torna, inferocito. A quel punto, la scena si scalda: per prima cosa alza una mano verso la ma-

> dre, urlandole con una voce rauca e per nulla infantile: «Non ti permettere, adesso ti becchi un bel ceffone!». Poi passa all'azione e glielo molla davvero, davanti a tutti. La mamma non reagisce, mentre il papà... ride! Alla fine comincia a minacciare il padre, pur senza colpirlo. L'uomo allora si arrende, lo prende in braccio e gli lascia usare il suo smartphone.

Mi sono chiesto quanto deve essere grande la sofferenza di questo povero bambino che può picchiare la mamma e comandare sul papà.

È uno dei tanti esempi che potrei fare in cui un bambino o un ragazzo non contenuto in maniera adeguata dai genitori – che invece che su regole chiare puntano sulla confidenzialità, sulla promiscuità verbale – dilaga senza incontrare confini e semafori alle emozioni e al tumulto che la sua immaturità inevitabilmente attiva. Questo dilagare è doloroso e le ferite, da grandi, potrebbero davvero far male.

Mi raccontava una mamma, parlandomi della sua infanzia: «Se ero così arrabbiata da fare qualcosa di isterico, o qualche capriccio, non venivo contenuta ma punita».

> Tra la madre di piazza dei Signori
> che si fa schiaffeggiare dal figlio
> e quella che lo schiaffeggia a sua volta,
> sta il genitore educativo in grado
> di contenere i figli.

Molti mi scrivono testimonianze come quella di Anita, mamma di Stefania e Gigliola, di 8 e 7 anni:

> Sulle punizioni ci stiamo lavorando. Quando c'è stato bisogno, tante volte abbiamo detto: «Castigo! Niente tv per due

giorni». Però non eravamo troppo convinti neanche io e mio marito. Anche perché la più grande, che è in un momento un po' difficile a scuola, aveva iniziato a provocarci. Faceva qualcosa di sbagliato e poi ci sfidava: «Adesso cosa fate? Mi mettete in castigo?».

Abbiamo capito che c'era qualcosa che non funzionava e, soprattutto, che così non saremmo arrivati da nessuna parte. Quindi, adesso parliamo, aspettiamo, cerchiamo di stare calmi.

A dir la verità, io sono sicura che il messaggio a loro arrivi, che sappiano come e perché certi comportamenti non si possono accettare. Questo non vuol dire che non li ripeteranno, ma comunque adesso respirano... l'atmosfera giusta. Così ci sembra che stia andando decisamente meglio. Ovvio che quando fanno cose allucinanti, si fa fatica. Ma ci stiamo provando.

Tanti genitori ci provano, stanno esplorando, tentando. È molto importante: questo libro è un aiuto proprio per loro.

Presento adesso un metodo, un insieme di procedure da mettere in atto, organizzato in **passi indietro**, le mosse da evitare per non incastrarsi nelle trappole emotive, e **passi avanti**, nuove attenzioni, dispositivi e strumenti, in particolare il silenzio attivo che presenterò nel capitolo 10, per finalizzare l'azione educativa verso quel contenimento organizzato di cui hanno necessità i figli.

Scrive la psicologa Silvia Vegetti Finzi:

> “Il bambino ha bisogno non solo di libertà, ma anche di regole, norme, divieti che lo aiutino a mettere ordine dentro di sé, indicandogli che cosa è giusto e che cosa è sbagliato, consentendogli nello stesso tempo il

> piacere e il coraggio della trasgressione. In assenza di regole e divieti che delimitano la sua libertà, si trova a procedere a tentoni su un *terrain vague*, una terra di nessuno, priva di limiti e di confini, col rischio di perdersi e di sprofondare nelle improvvise sabbie mobili delle sue pulsioni e dei suoi affetti contrastanti. E senza neppure la libertà di trasgredire, di saltare al di là degli steccati, visto che non esistono...[1] »

Ecco allora come costruire una buona organizzazione educativa, una mappa ricca di segnali chiari che permetta agli adulti di fare le mosse giuste e ai figli di trovarsi e ritrovarsi continuamente nel complesso percorso che li porta a diventare grandi.

I TRE PASSI INDIETRO

I° passo indietro

Non urlate, non punite. Prendetevi tutto il tempo che vi serve per riflettere

In *Urlare non serve a nulla*,[2] ho ampiamente trattato il tema delle urla: è stato dimostrato da diverse ricerche scientifiche, e lo sperimento di continuo nella mia attività di consulenza pedagogica, che, se diventano il metodo consueto di gestione dei figli, provocano dei danni a livello psicologico ed emotivo. In genere i problemi emergono soprattutto in preadolescenza, attorno agli 11-13 anni.

L'impostazione educativa del periodo infantile segna tutto il resto dell'esistenza, quindi partire bene consente di mettere al sicuro i figli per sempre. Recuperare successivamente è possibile, ma servono tempi molto lunghi e si possono incontrare grandi, a volte enormi, difficoltà.

Spesso, i genitori mi chiedono: «Come faccio a smettere di urlare? Non ci riesco», «Come posso fermare lo scatto di impazienza?».

> La domanda è pregnante, ma la risposta può essere solo tautologica: per smettere di urlare bisogna smettere di urlare.

Non esistono grandi tecniche. Però ci si può far aiutare dalla consapevolezza che arrabbiarsi e reagire d'istinto sono elementi di fragilità e debolezza, non inducono un senso di autorità ma solo paura e spaesamento, ripercuotendosi poi a livello psicologico sui figli.

È molto importante prendere tempo, ricordando che i tempi dei genitori non sono quelli dei figli, che il loro pensiero è operativo-pratico ed è comunque lontano dal nostro, che i più piccoli fanno fatica a seguire e interiorizzare i nostri discorsi e che i più grandi faticano invece a sintonizzarsi. Siamo noi che dobbiamo regolarci sulla loro età: non stanno cercando di farci diventare matti o di prenderci in giro, stanno solo vivendo la loro fase di vita, com'è naturale che sia.

Mi scrive Gigi, padre di Veronica, 14 anni:

> Nostra figlia ha preso nove in inglese. È una cosa fantastica, proprio non ce lo saremmo aspettati. Il problema è che non ce l'ha detto. Non so... se n'è andata diretta a giocare con le amiche e se n'è dimenticata... Io però, quando l'ho saputo, l'ho messa in castigo, proprio perché non era stata lei a dircelo.
>
> Veronica sa bene che io e sua madre ci teniamo a ricevere le comunicazioni della scuola, invece lei ha disobbedito. Così le ho dato una punizione. A prescindere che sia una bella o una brutta notizia, lei della scuola ci deve informare. Sempre e su tutto.
>
> Non so cosa ne ricaverà nostra figlia da 'sta storia! Però, per adesso, siamo messi così. E capisco che non va bene,

anche perché mia moglie non è per niente d'accordo sul mio modo di fare. Quindi, magari al momento sta zitta, poi però già so come va a finire: primo, se la prende con me, secondo dice a Veronica che la punizione è stata, per così dire, dettata da un momento di rabbia, e possiamo far finta di niente...

Conclusione? Non ci si capisce più nulla. E i problemi rimangono.

La situazione è strana, abbastanza paradossale, proprio come lo sono spesso le dinamiche nei rapporti genitori-figli. La rabbia del padre, che peraltro sembra non avere alcuna ragion d'essere, segue delle strade impreviste. Il fatto che la figlia non comunichi il voto che ha preso, anche se molto alto, è tipico di un'età in cui l'attenzione verso i genitori è scemata. Non è solo questione di distrazione, come ipotizza il padre, probabilmente c'è anche un tentativo di depistare i genitori, di allentare un eccesso di controllo. Il padre allora si arrabbia, ed esplode: «Okay. Ma, dovevi informarmi». Poi si rende conto che il suo è stato un intervento equivoco, se non sbagliato, e conclude: «Non ci si capisce più nulla».

> Per non fare più di questi errori occorre anche accettarli. È inutile coltivare sensi di colpa,

o ritrovarsi poi a chiedere scusa ai figli, a ritrattare, e magari anche a mostrare la scarsa coesione educativa tra i genitori. I figli non possono che subire le nostre mosse ondivaghe e magari ritrovarsi a pensare che, oltre ad avere subito un torto, tocca a loro anche perdonare il genitore che ha sbagliato.

Teniamoci le nostre urla, i nostri errori, e utilizziamoli per imparare progressivamente a non ripeterli.

Mi scrive Giovanna, mamma di Francesco, 8 anni e Michele, 6:

> Mio marito ha un lavoro che lo porta spesso lontano, così è poco presente in casa. E io non so più cosa fare con i bambini: litigano come due furie e si mettono le mani addosso in continuazione. Ogni tanto uno dei due esagera e fa piangere l'altro. Francesco impedisce a Michele di vedere il suo programma televisivo preferito, perché ha il suo in contemporanea, quindi Michele corre in lacrime da me supplicando giustizia. Oppure Michele tormenta Francesco mentre sta facendo i compiti: le urla salgono al cielo ed ecco il grande che, furioso, reclama il mio intervento in nome dell'impegno scolastico.
>
> Sono esausta, non ne posso più di fare da arbitro nelle loro diatribe. L'altro giorno la miliardesima litigata mi ha fatto esplodere. Ho sgridato entrambi: «Basta! Non me ne frega niente delle vostre discussioni. Smettetela! Non ne posso più di queste urla che mi rompono i timpani... Arrangiatevi da soli!».

La reazione che ha avuto Giovanna nei confronti dei figli è comprensibile e molto umana. Però l'urlo è quasi sempre segno di debolezza e fragilità emotiva: segnala perdita di controllo, induce nella controparte paura e un senso di intimidazione che azzera la possibilità di capire qualcosa in più di quanto sta accadendo.

Le trappole emotive nel rapporto con i figli sono tante. Ma per ogni situazione educativa esistono delle procedure e delle tecniche che possono aiutare a individuare le mosse giuste.

Le quattro indicazioni che posso suggerire per imparare progressivamente a smettere di urlare e punire sono:

1. **farsene una ragione**, convincendosi che non è la strada giusta;
2. **accettare che si può sbagliare** e che i figli possono tollerare gli errori dei genitori, soprattutto quando cominciano a interiorizzare che stanno cambiando;
3. **prepararsi un'alternativa**: una mossa, una frase, un metodo da applicare prima che l'urlo o la punizione sfuggano al controllo;
4. **apprezzare i successi**: constatare che al posto dell'urlo funziona meglio una buona organizzazione aiuta a sentirsi soddisfatti e a sviluppare la giusta padronanza nell'educazione dei figli.

2° passo indietro

Mantenete la distanza educativa: i figli vi sentiranno più vicini

Questo è un tema centrale, tocca uno dei punti più nevralgici dei genitori di oggi che, a differenza del passato, non vogliono sentirsi lontani dai figli. Una volta i genitori, meno le madri ma in parte anche loro, erano quasi irraggiungibili, penso ad esempio ai padri degli anni Cinquanta e Sessanta. Oggi invece i genitori manifestano un profondo desiderio di avere un buon rapporto con i loro figli piccoli e grandi: dialogo, vicinanza al loro mondo, la volontà di accompagnarli nelle vicissitudini della vita. È un segnale di aperta rottura con il passato.

La mano sulla spalla

Guardo una foto della mia infanzia. Era il 1963 e sono con mio padre Giovanni al matrimonio di suo fratello, mio zio Francesco. Nella foto io indosso i tipici pantaloni corti dell'epoca e un farfallino, mio padre mi tiene una mano sulla spalla. A un certo punto, osservando meglio la foto, mi accorgo che mio padre *fa finta* di tenermi la mano sulla spalla: c'è una distanza, non c'è vero contatto fisico.

Ricordando la relazione tra me e mio padre, provo tenerezza per quella posa, che esprime bene il tratto di un'epoca in cui i genitori mantenevano un certo distacco, quasi un'altezzosità, una lontananza che garantisse loro di essere rispettati. Non bisognava in alcun modo "dimostrarsi deboli".

Oggi è il contrario. Se cerchiamo in internet o comunque nell'immaginario da cui siamo circondati, troviamo moltissime foto di figli che abbracciano i genitori più che il contrario. I ruoli sembrano quasi invertiti e in tante situazioni si ha l'impressione che siano i figli, anche piccoli, a comandare in casa.

Bisogna fare attenzione, perché

> non è con la confidenza che
> otteniamo la loro fiducia.

La confidenza rischia di abbattere la distinzione di ruolo e di mettere il genitore troppo disponibile in una posizione di servizievolezza poco utile alla crescita.

La storia che segue chiarisce di cosa sto parlando.

La colazione a letto

Luca, 14 anni, è un ragazzo tranquillo, anche "pacioso", apparentemente riservato, che a scuola se la cava ma non è motivato: tende a non studiare e a volte addirittura salta le lezioni. Il problema è che è lento, sempre molto lento.

È di questo che mi parlano i genitori, preoccupati. Questa sorta di indolenza del ragazzo crea un fortissimo disagio, anche tra le mura domestiche. I suoi tempi sono un problema per il sistema familiare. Resta a tavola più di un'ora, occupa spazi della casa per tempi interminabili. I genitori non riescono proprio a dargli quella scossa vitale che lo faccia riemergere da una specie di letargo evolutivo in cui sembra sprofondato.

Casualmente, durante un incontro, mentre la mamma sta raccontando di averle provate proprio tutte, mi dice: «Al mattino, quando gli porto la colazione a letto...». La interrompo subito: «La colazione a letto?».

La signora mi racconta che ha l'abitudine di portargli la colazione a letto, proprio perché impiega così tanto tempo a fare ogni cosa che per lo meno mangia qualcosa prima di andare a scuola.

È curioso, perché è difficile comprendere come si possa aiutare un ragazzo a "svegliarsi" portandogli la colazione a letto. È una scelta che privilegia un approccio servizievole e un utilizzo addirittura inopportuno della disponibilità materna, al limite dell'accudimento infantile. Peraltro i genitori mi raccontano che questa premura materna non migliora le cose e anzi è fonte di tensioni: in particolare il padre non ce la fa più e l'aggressione verbale a volte si trasforma anche in aggressione fisica.

> Tutta questa disponibilità relazionale
> non permette al ragazzo di aver chiari i limiti,
> le regole dello spazio di vita;

non riesce a capire quello che i genitori gli stanno chiedendo e, non solo non risponde come loro vorrebbero, ma, seguendo uno schema tipico dell'età adolescenziale, ne approfitta e si comporta sempre peggio.

Lo ripeto: la mente dei nostri figli non funziona come la nostra e le nostre presupposizioni non sono le loro. È un tranello emotivo in cui si cade spesso: «Abbiamo fatto il possibile», «Non gli facciamo mancare niente», «Ci siamo messi a sua completa disposizione», «Cerchiamo sempre di parlarci», «Ragioniamo con lui/lei». Non necessariamente i figli interpretano questa disponibilità in una logica evolutiva, anzi è più facile che la vivano come un momento di difficoltà dei genitori a gestirli con regole chiare.

> Temendo di minare il rapporto con i figli,
> i genitori confondono la vicinanza
> e l'apertura relazionale con l'educazione.

Alcune mamme mi dicono: «Faccio di tutto per stare in contatto con mia figlia...» dimenticando, o non considerando, che il contatto emotivo è un dato scontato nella relazione con i figli, non lo si perde mai. Le emozioni dei figli in qualche modo provengono neurofisiologicamente da quelle dei genitori. La mamma, in particolare, ha tenuto il figlio o la figlia nella pancia: c'è stata un'osmosi biologica profondissima.

Quindi,

> il legame c'è già, è un dato inequivocabile.
> Ai genitori spetta fare manutenzione di questo legame,
> senza volerlo accentuare o enfatizzare: un eccesso di
> emotività conduce dritti nelle trappole emotive.

Troppa confidenza porta, tra l'altro, a derogare facilmente dalle buone regole.

È il caso del sonno.

La nuova generazione di bambini dorme sempre meno: mi capita di sentire di bambini che a 4 anni dormono 8, massimo 9 ore per notte; o che in prima elementare fanno fatica ad andare a scuola al mattino perché dormono meno delle canoniche 10 ore. Alcuni già a 3 anni perdono l'abitudine del pisolino pomeridiano senza recuperarlo di notte. Come mai?

I genitori mi rispondono: «Vuole stare alzato ad aspettare il papà...» che magari arriva alle dieci di sera dal lavoro. Oppure: «Gli piace tanto giocare con me un pochino prima di andare a letto». Il problema è che spesso sono le nove e mezza, e il tempo passa.

Anche il dormire nel lettone

è il sintomo di questa difficoltà genitoriale al distacco. Me ne sono occupato in molti libri e articoli.[3] I bambini che, dopo i 3 anni, tutte le notti o quasi invadono il talamo coniugale, ovvero lo spazio della vita di coppia, vivono un'esperienza molto equivoca che deriva dal desiderio di mantenere una relazione addirittura anche di notte. In tante circostanze si scopre che il papà va a dormire sul divano, o nel lettino dei figli, senza porsi troppe domande, con la massima naturalezza. «Dorme così bene nel lettone... E così non dobbiamo alzarci se si sveglia.» Magari dorme bene, anche se io ho diversi dubbi su questo, ma qual è il prezzo da pagare dal punto di vista emotivo? Per un bambino sostituirsi al papà o alla mamma nel letto dei genitori ha un peso emotivo alto. Si manifesta ad esempio in tutta la sua evidenza quando, alla separazione di due genitori, una delle prime mosse che quasi tutti fanno è proprio quella di mettere il figlio nel lettone, al posto del coniuge che non c'è più. Il lettone dopo i 3 anni spinge i bambini a inserirsi nella vita sessuale dei genitori, instaurando un legame assolutamente improprio con la mamma o il papà. Si crea in loro uno stress notevole, anche se in apparenza soddisfare la richiesta infantile sembra essere tranquillizzante.

Il costo emotivo è alto perché

> i figli vogliono genitori che facciano i genitori, e, anche se può sembrare il contrario, non amano la promiscuità confusionale in cui tutto si stempera e che rischia di soffocarli.

La confidenza che si crea attraverso una eccessiva intimità può arrivare a indurre i figli a sentirsi liberi a insultare i genitori, quando non a mettere loro le mani addosso. Ricordo Enrico, papà di Marco, 14 anni:

> Fin da quando era piccolo, io e Marco abbiamo giocato alla lotta: era il nostro modo di sentirci vicini, senza farci male sul serio, ovviamente. Il problema è che, l'altra settimana, mentre come al solito ci azzuffavamo, Marco mi ha tirato un pugno in pieno viso, una botta pazzesca, con una forza che mi ha lasciato stordito. Mi sono infuriato come una belva, urlavo, mi trattenevo a stento. Lo avrei riempito di botte. Gli ho dato una punizione che non si dimenticherà più.

Fare la lotta insieme era un'abitudine, un gioco infantile. Il problema è che, a 14 anni, Marco non è più un bambino. Eppure Enrico fatica a rinunciare a questa loro forma di vicinanza reciproca e finisce per non considerare che, tra l'impulsività e l'incapacità di gestirsi dal punto di vista motorio tipiche dell'età, Marco prima o poi lo avrebbe colpito davvero.

La mossa è sbagliata, assolutamente impropria, ma il putiferio che si scatena con la reazione di Enrico è solo una contromossa emotiva, finalizzata a punire Marco che però ha una responsabilità molto relativa. Era l'idea di confidenza che sottostava alla lotta a non poter più funzionare. Se Enrico se ne fosse reso conto prima avrebbe saputo mantenere la giusta distanza, anche su questo piano di interazione fisica con il figlio adolescente. Sarebbe rimasto il bel ricordo dei momenti vissuti insieme durante l'infanzia che ora non ha più senso ripetere negli stessi termini.

> L'eccessiva confidenza confonde i ruoli, genera incomprensioni, non favorisce la posizione educativa.

3° passo indietro

Non parlategli troppo

Chiarisco subito un aspetto: non c'è niente di male a parlare con i figli. Specialmente quando sono piccoli, ad esempio, contribuisce ad aumentare le loro abilità linguistiche.

> È invece piuttosto equivoco pensare che parlare con i figli coincida con educarli:

che le parole, cioè, producano in automatico l'effetto che il genitore vorrebbe.

Prendiamo ad esempio una madre che deve uscire per andare al lavoro ed è in ritardo. Va dal figlio, di 5-6 anni, e lo avvisa: «Su sbrigati, mettiti le scarpe, dobbiamo uscire tra un minuto». Il figlio, come abbiamo visto, ha un senso del tempo completamente diverso, è magari perso in un suo gioco mentale, non possiede neanche la reale cognizione di quanto duri un minuto. Avverte l'agitazione materna e si inquieta, al punto che potrebbe anche bloccarsi e preferire tornare nel suo universo mentale dove non esistono ansia e agitazione. Oppure magari ci prova anche a sbrigarsi, ma il suo tentativo di mettersi in fretta le scarpe comporta comunque un coordinamento motorio di cui ancora non è del tutto padrone.

Ecco una situazione in cui le parole della mamma diventano un elemento di confusione. Lei, dal canto suo, trovandolo ancora senza scarpe penserà: «Ecco, glielo avevo detto, lo fa apposta», e dentro di lei partirà il "Non mi ascolta. Questo bambino non mi ascolta. Cosa mai avrò fatto di male per meritarmi un bambino così pigro..." e così via.

> L'equivoco sta nel pensare che ci sia una corrispondenza tra le parole che noi adulti pronunciamo e quello che i figli capiscono.

Gioca un suo ruolo anche la coesione fra i genitori: spesso e volentieri i figli non ascoltano perché non sanno chi ascoltare; l'indicazione che arriva da un genitore non corrisponde a quella che arriva dall'altro.

Il caso tipico è quello della tecnologia. Da un punto di vista puramente statistico e generale, è più facile che siano i padri a manifestare una certa tolleranza, mentre le madri appaiono più propense a una riduzione nell'uso della stessa. La figlia ha un tablet in mano, il figlio è davanti a un videogioco e non vogliono smettere, i genitori la pensano diversamente: a chi dovranno dar retta?

Le parole a volte si infrangono su dinamiche che, o per le caratteristiche dell'età, o per lo scarso gioco di squadra dei genitori, non permettono ai figli di fare la cosa giusta.

Mi scrive Lucrezia, mamma di un bambino di 3 anni:

Sono in grossa difficoltà con mio figlio di 3 anni che sta trasformando le nostre cene in vere e proprie battaglie.

Premetto che noi mangiamo tutti insieme e, nella maggior parte dei casi, il menù è uguale per tutti. Se a tavola c'è qualcosa che gli piace non ci sono problemi, mangia seduto e tranquillo. Capita però, purtroppo molto spesso, che rifiuti quello che ha nel piatto. Se ad esempio per cena c'è pasta e piselli lui non la vuole perché non mangia i piselli. Idem per i legumi che noi consumiamo settimanalmente. Non vuole assaggiare nessuna verdura e qualsiasi altro piatto che, alla vista, abbia qualcosa che lo disturba. A volte insisto molto perché assaggi un pezzo di carota o un po' di pasta con le zucchine, fino a provocare il pianto o vere crisi isteriche che si calmano solo con tante coccole. Riporto un fatto accaduto ieri. Ho preparato per tutti uno sformato di patate con prosciutto cotto e sottilette. Lui adora il prosciutto cotto e le patate ma non appena ha visto la sottiletta ha protestato, perché gli sembrava latte. Ho insistito molto e alla fine ha assaggiato due piccoli pezzi ma poi non ne ha voluto più. La sua cena è consistita in due patate lesse che mi erano avanzate.

Mi chiedo: dato che nella maggior parte dei casi ciò che preparo contiene qualche ingrediente che lui non ama (prezzemolo, verdure, legumi...) devo preparare per lui una pietanza a parte o devo impuntarmi perché assaggi tutto? E fino a che punto? Lo lascio digiuno o gli propongo un'alternativa? Dovrei portare a tavola due, tre piatti diversi per tutti, di cui almeno uno di suo gradimento? Non so davvero cosa fare.

La madre tende a tampinare il figlio riluttante con le parole, le insistenze, le domande e quindi con una serie di supposizioni che non coincidono con il sistema evolutivo del bambino che, viceversa, ha bisogno di tempo, di una situazione più chiara, di non essere lasciato troppo a decidere da solo. Stabilire insieme al padre una regola sull'assaggio dei cibi, cosa fare nel caso in cui il bambino rifiuti il cibo preparato per la cena eccetera consentirebbe al figlio una maggiore chiarezza e la possibilità di cogliere quali sono i limiti al suo comportamento. È anche buona cosa che la madre si sintonizzi con le predisposizioni alimentari del bambino senza interpretarle: a quell'età il gusto è ancora una facoltà in evoluzione e trasformazione.

> I piselli magari li mangerà senza protestare
> dopo qualche mese.

Giocarsi il ruolo educativo prevalentemente attraverso le parole non incontra le esigenze del mondo pratico e concreto dei bambini e delle bambine di quell'età. L'eccesso di spiegazioni e discussione sono elementi critici delle strategie educative dei nostri giorni.

> Non si tratta di spiegare a un bambino
> di 4 anni perché è importante dormire un tot di ore,
> ma è necessario che i genitori stabiliscano
> l'ora in cui andare a letto
> e siano rigorosi nel mantenerla.

Non si tratta di argomentare con una bambina di 7 anni l'importanza di un'alimentazione ricca di frutta e verdura, ma di decidere alcuni criteri relativi all'assaggio e all'organizzazione del momento del pasto tenendo conto delle sue preferenze alimentari, evitando di arrivare allo scontro. Non si tratta di impuntarsi con un preadolescente di prima media sul valore dei soldi illustrando nel dettaglio la situazione economica familiare, ma di consegnargli la prima paghetta, quei 3 o 5 euro alla settimana, che definisca un limite chiaro alle sue spese e lo aiuti a comprendere che i genitori non sono un bancomat e che il denaro non ha una disponibilità illimitata. Non si tratta di assillare una quindicenne elencando pericoli e rischi del tornare troppo tardi alla sera, ma di concordare un orario di rientro sostenibile da entrambe le parti e farsi custodi del valore della decisione.

> Poche indicazioni concrete, precise, chiare.

Viceversa ci si infila nel tunnel del nervosismo, della rabbia, ed eventualmente anche della punizione. «Lo fa apposta. Gli dico di evitare di comprare tutto quello che gli viene in mente ma se ne frega. Gli dico di non chiedere soldi alla nonna, ma ogni volta ci prova: va da lei, la convince, si fa dare i soldi. Mi fa venire un nervoso...!» Lo ribadisco: il nodo centrale del problema educativo è l'organizzazione. Vediamo di capire quello che accade e proviamo a mettere in atto alcune mosse, come mettersi d'accordo con la nonna e pattuire con il figlio una cifra settimanale adeguata che incontri le sue esigenze reali senza concedergli un accesso indiscriminato al portafoglio dei familiari. Possiamo aiutare anche i nonni a fare le mosse giuste, senza pretendere che si immaginino tutti i nostri ragionamenti, e definendo anche con loro quelle minime regole più o meno indispensabili per gestire bambini e ragazzi.

Le discussioni, l'infinito batti e ribatti che aleggia nelle case per riuscire a convincere i figli, non funzionano. Il bambino è immerso nel suo pensiero magico, il ragazzo è instabile.

Pensate allo smartphone: come si fa a persuadere un ragazzo di 11 anni che avere uno smartphone non è una necessità imprescindibile, che si può vivere senza (e forse meglio), che è un'inutile distrazione e che per le sue esigenze andrà benissimo un vecchio cellulare senza connessione internet con cui rispondere, fare chiamate e inviare messaggi? Vi guarderà come se foste dei pazzi e vi sotterrerà sotto un insieme di questioni che vi lasceranno privi di argomenti: «Vuoi farmi sentire un escluso? Tutti hanno lo smartphone. Il gruppo della classe è su WhatsApp, se non posso avere internet non potrò neanche chiedere ai miei compagni i compiti. Nessuno manda più gli sms... Siete rimasti alla preistoria voi. E poi, se sono in giro e ho bisogno di un'informazione e voi non potete rispondere alle mie chiamate perché state lavorando, senza internet come faccio?!? Mi state trattando peggio di un bambino di 3 anni. Qual è il problema? Siamo poveri? Non possiamo permetterci neanche uno smartphone? Forse, non mi volete bene veramente...».

Ammesso di riuscire a ribattere, questi discorsi agiscono su un piano emotivo a cui madri e padri sono estremamente permeabili. Il pensiero di un adolescente è orientato agli amici, non ai genitori, non pensa alle eventuali fatiche economiche della famiglia ma a come stare nel mondo dei coetanei.

> Stabilire alcune regole è meglio
> che cercare di convincerlo.

Lo stesso vale per tutti i dispositivi digitali con cui i nostri adolescenti vanno a dormire. Meglio concordare una regola che stabilisca l'orario entro il quale tutti i tablet, smartphone, videoschermi devono essere lasciati fuori dalla camera che tentare di convincere i figli leggendo qualche articolo scientifico sull'importanza del sonno, discutendo e, probabilmente, finendo per urlare e magari punire all'ennesima volta che li becchiamo con il tablet ancora acceso in mano.

Lo vedremo nei passi avanti, di cui stiamo per occuparci:

> l'antidoto al discussionismo è la capacità
> di dare indicazioni chiare, stabilire regole semplici
> ma precise per i bambini, negoziate e sostenibili
> per i ragazzi, e di mantenerle in modo rigoroso.

I TRE PASSI AVANTI

I° passo avanti

Fate gioco di squadra

> Se una buona organizzazione educativa
> rende sostanzialmente inutili e obsolete
> le punizioni, alla base di questa organizzazione
> deve esserci il gioco di squadra fra i genitori.

Tutte le volte che è possibile, madri e padri devono condividere le decisioni in merito all'educazione dei figli: ne parlino, si confrontino, perché l'organizzazione educativa è fatta di tante cose – *in primis* delle regole – ma anche di decisioni su tempistiche, autonomie, strategie.

Sembra abbastanza ovvio: nessuno si sognerebbe di gestire un'azienda, un negozio, una qualche attività umana senza aver definito prima, in accordo con le altre persone coinvolte, le regole da seguire. Sarebbe come entrare in un negozio, chiedere un prezzo e sentirsi dare da due commessi risposte discordanti. Oppure, come essere fermati da un vigile perché si è passati con il rosso e, mentre lui sta compilando la multa, arriva il collega che ci dà una pacca sulla spalla e dice: «Non si preoccupi. In certe circostanze passare con il rosso va bene, la lasciamo andare». Difficile capire cosa fare.

Nella vita lavorativa tutti gli adulti hanno chiaro che per far funzionare le cose occorre accordarsi, sembra che però questa esigenza venga meno nei contesti familiari. I motivi sono tanti, e riguardano sostanzialmente i cambiamenti epocali che sono avvenuti negli ultimi decenni in ambito familiare, in particolare in merito alla figura paterna. Mentre le madri, pur nelle trasformazioni che il ruolo femminile sta subendo all'interno della società, continuano a prevalere nell'ambito della cura e dell'accudimento e anzi si sono sempre più rafforzate in questo, sembra invece che la figura del padre si sia quasi eclissata.

> Spesso le madri non si fidano dei padri, nel migliore dei casi li considerano pasticcioni, nel peggiore, inaffidabili; avvertono che qualcosa non funziona e finiscono per accordarsi con i figli a prescindere dall'altro genitore.

I padri di oggi subiscono il contraccolpo dei loro progenitori. Pesano su di loro il passato, le nefandezze compiute dagli uomini contro le donne e contro i bambini. Non può essere però la premessa di una buona gestione dei figli: tagliarli fuori, se non nei casi in cui diventa proprio necessario, è estremamente dannoso, per loro e per la crescita dei figli.

Quando ci si trova davanti famiglie monogenitoriali, o nelle quali è avvenuta una separazione tra i genitori, in genere è il padre quello che si è allontanato o che viene allontanato dal nucleo familiare, ma nella mia esperienza di sostegno ai genitori ho incontrato anche tante situazioni in cui sono le madri a essere assenti. Sono casi limite e, quando si verificano,

> occorre che il genitore che resta sulla scena educativa sappia gestire i figli, specialmente in adolescenza, sia nella logica materna ma tanto più in quella paterna.

Nei limiti del possibile è comunque sempre meglio cercare di recuperare la figura del genitore mancante. Quando tornano a essere presenti entrambi, i risultati si vedono.

Purtroppo la scarsa coesione appare spesso la normalità educativa.

Racconta Matteo, papà di Camilla, 7 anni:

> Ieri pomeriggio eravamo a casa e ho preso in mano il libro d'italiano di mia figlia per spostarlo dalla scrivania. Non riuscivo a crederci: ho scoperto che aveva tagliato un sacco di pagine con le forbici: *zac*, via!
>
> Camilla non c'era perché era da un'amica a giocare. Allora ho chiesto a mia moglie se lei se n'era accorta. Mi ha spiegato che Camilla di recente ha qualche problema con i compagni, che anche la maestra se n'è accorta... e probabilmente era nervosa quando l'ha fatto. Insomma l'ha difesa!
>
> Io non ci ho visto più. Ma stiamo scherzando?! Per le cose di scuola ci vuole rispetto. Massimo rispetto e nessuna scusa. Appena Camilla è tornata a casa l'ho messa in castigo: niente figurine per un mese. Se le scorda! Non se ne comprano più. E mi sembra anche poco per quel che ha fatto.
>
> Mia moglie non è d'accordo, dice che lo scambio di figurine a scuola è una delle poche cose che Camilla fa volentieri, che è una buona occasione per interagire con i compagni e che così non la aiutiamo, anzi...
>
> A me sembra tutto pazzesco.

Il papà reagisce alle trasgressioni della figlia sulla base di una memoria più punitiva, mentre la madre, come osserva lui stesso, ha un altro atteggiamento.

In questa fase della vita della bambina è senz'altro possibile che la posizione educativa della madre sia più realistica, più legata alla sua età. Entrambi devono però puntare a essere più coesi su una questione, come quella di Camilla, che desta la preoccupazione dei genitori e necessita certamente di un contenimento. Occorre evitare di mettere la bambina di 7 anni in una situazione di spaesamento e di difficoltà, anche emotiva: è questo il rischio delle mosse educative estemporanee e attuate senza l'accordo con il partner.

Anche nel caso di Silvia, mamma di Federico, 3 anni e mezzo, non prevale il gioco di squadra:

> Mio marito vorrebbe essere per Federico una figura autorevole, ma io temo che diventi autoritario e basta, e non vorrei. Secondo lui un figlio deve rispettare i genitori; quando lo sgrida è piuttosto duro. Lui ritiene che Federico sia molto intelligente e quindi in grado di capire quello che gli si chiede e gli si dice. *Sempre*. Secondo me non è così, almeno non sempre.
>
> Un'altra regola che vorrebbe imporre, ma che io non condivido (e quindi non è inserita nella lista "ufficiale") è che debba riordinare da solo i suoi giochi perché è lui che li sparge tutti in giro.
>
> Da sempre lasciamo che il bambino giochi in libertà, che possa prendere qualsiasi gioco e cambiare attività quando vuole (Federico non ha mai scritto sui muri o rotto oggetti in casa o fatto danni di qualsiasi tipo): riteniamo che abbia una buona capacità di giocare in autonomia, inventando e crean-

do anche da pochissimo. A volte vuole coinvolgerci allora giochiamo insieme, altrimenti lasciamo che sperimenti. Finora quando c'era da mettere in ordine lo abbiamo sempre aiutato. Adesso, mio marito vorrebbe che lo facesse per conto suo. Secondo me è eccessivo.

Dalle parole di Silvia emerge una palese differenza d'impostazione sulle regole. Ritiene eccessivo pretendere da un bambino di 3 anni e mezzo che sia lui a mettere in ordine. Descrive nel padre configurazioni arcaiche rispetto al tema dell'autorità.

Sarà così o è solo quello che vede lei?

La mancanza di accordo fra i due genitori rischia comunque di produrre delle tensioni emotive nel bambino, che non trovando chiarezza si aggrappa a destra e sinistra senza sapere bene a chi fare riferimento.

Questa carenza induce i figli a sopperire al loro deficit con comportamenti che li spingano a trovare un accordo.

È il caso classico dei cosiddetti "capricci".

> I capricci si rivelano, nella maggior parte dei casi, comportamenti infantili estremi, che il bambino compie per indurre il padre e la madre a mettersi d'accordo.

Spesso accade che la posizione comune sembra esserci, ma poi alla prova dei fatti non regge. Non dimentichiamo che i bambini vivono una sorta di telepatia emotiva nei confronti dei genitori, e sono estremamente capaci di cogliere anche piccole sfumature che segnalano incertezza.

Ecco allora alcune indicazioni utili e pratiche.

LE QUATTRO REGOLE DEL GIOCO DI SQUADRA

1. Non delegate ai figli decisioni che competono a voi

Sembra banale, ma non lo è affatto. Registro una forte tendenza a coinvolgere i figli nelle decisioni, anzi addirittura a far decidere a loro stessi. La cosa può andar bene quando riguarda una preferenza strettamente personale, come il gioco da fare o gli amici da invitare, ma non certo su questioni educative. Specialmente durante l'infanzia, i bambini non devono essere coinvolti in decisioni che non competono alla loro età. Qualche esempio: «Ti porta a nanna la mamma o il papà?», «Hai voglia di venire con me a fare la spesa o vuoi che restiamo a casa e mangiamo quello che c'è?». Lo stesso, anche se con altre attenzioni, vale per gli adolescenti, che non devono essere chiamati in causa per stabilire i "confini", semmai possono dire la loro su come muoversi dentro questi confini. Non va chiesto al proprio figlio: «Dai, dimmi, quanti soldi ti servono per uscire con i tuoi amici stasera?» per poi innervosirsi e cominciare un batti e ribatti polemico, magari anche con l'altro genitore, quando lui, serafico, risponde: «Cento euro papà!».

Il limite deve essere chiaro e definito dalla coppia genitoriale. Il principio è che

> i figli non devono essere chiamati
> a prendere decisioni che vanno
> oltre le loro capacità evolutive

se non vogliamo scatenare tensioni emotive e ritrovarci succubi della logica punitiva.

2. Se vi viene un'idea, parlatene prima con l'altro genitore

Parlate di più con il vostro partner. Nelle coppie ci si confronta su tante cose, ma spesso l'accordo sul fronte educativo è dato per scontato. Eppure, lo abbiamo visto, ciascuno di noi ha una storia educativa strettamente personale, che interpreta e riutilizza a suo modo. La necessità di un dialogo e di uno scambio è imprescindibile.

La scuola, l'igiene, lo sport, l'ordine, il cibo: gli argomenti possono essere tanti e richiedere anche attenzioni diverse in fasi diverse del percorso evolutivo di un figlio.

Mi viene un'idea carina, un'attività, una gita, un corso da proporre a mio figlio: prima di parlarne direttamente con lui condivido l'idea con l'altro genitore. Ovviamente mi riferisco a decisioni di un certo peso nell'organizzazione familiare. Lo scopo è avere un progetto preciso e condiviso da proporre ai figli, per evitare di sottoporli all'inutile e stressante esercizio di cercare di capire se i genitori sono d'accordo tra di loro.

Per migliorare il gioco di squadra della coppia genitoriale

> dobbiamo ridurre le parole che utilizziamo
> con i figli e aumentare quelle che
> rivolgiamo all'altro genitore.

3. Parla uno solo

Ho già esposto questa tecnica nel mio libro *Meglio dirsele*, dedicato alla gestione dei conflitti nelle coppie.[4] Il principio è che

> è inutile fare l'eco all'altro genitore,
> meglio che ai figli parli uno solo.

La tecnica è semplice e parte dal presupposto che il figlio, nel momento in cui le cose gli vengono ripetute, potrebbe avere l'impressione che i genitori non si fidino l'uno dell'altro.

Un esempio:

> Il papà: «Antonio, adesso hai 8 anni, sei in terza elementare. Ormai i compiti li puoi fare completamente da solo. Se hai bisogno, se non capisci ci chiami, ma non è necessario che la mamma stia tutto il tempo vicino a te. Sei diventato abbastanza grande e da oggi iniziamo in un altro modo».
>
> La mamma: «Giusto! Bravo papà, era proprio ora. Mi sembra un'ottima idea. Hai capito Antonio? Non sto più seduta sempre vicino a te...».

Il commento materno introduce alcuni elementi equivoci. *In primis* segnala al figlio che probabilmente i genitori non si erano accordati. Secondo, lascia trapelare il dubbio che la mamma abbia bisogno di ripetere la decisione paterna per convincersi che sia davvero la cosa più giusta. In ultimo, la sottolineatura della mamma sembra quasi implicare che su questo versante dei compiti scolastici non ci sia una compattezza assoluta tra i genitori, e che, volendo, il figlio potrebbe anche pensare di riuscire a strappare ancora qualche concessione.

Se i genitori ne hanno parlato prima non c'è bisogno di intervenire entrambi.

4. Anche se siete separati cercate un accordo comune

Resto dell'idea che le difficoltà dei figli non nascano dalla separazione in sé, ma da una gestione educativa inefficace. Non è questo l'ambito per approfondire il tema, mi limito però a osservare che sulle questioni principali (la scelta della scuola, le regole essenziali come quelle igieniche o quelle legate alla promiscuità, ad esempio il dormire nel lettone) i genitori separati dovrebbero trovare accordi comuni.

A volte proprio non è possibile. In questi casi non resta che impostare un buon impianto educativo, a prescindere dalla condivisione con l'ex partner. Il valore di una buona educazione prevale sempre sulle eventuali incertezze legate alla separazione.

> Se anche uno solo dei due genitori procede bene, lascia una traccia indelebile e positiva nella vita dei figli.

2° passo avanti

Date buone regole: chiare per i bambini, negoziate con gli adolescenti

Le buone regole rendono inutili le punizioni ma, come abbiamo visto nei primi capitoli, la confusione al riguardo è tanta. In teoria sono l'argomento educativo per antonomasia, però ho avuto più volte occasione di constatare che tra genitori, insegnanti, specialisti non intendiamo tutti la stessa cosa. Le regole sono confuse con le sgridate, a volte con le urla, con le punizioni, con i comandi, con i discorsi, le discussioni, e spesso, invece che rivelarsi uno strumento educativo efficace, si trasformano in motivo di tensioni e stress reciproco. Ribadisco:

> la regola è una procedura organizzativa.

L'orario per andare a dormire; un certo tempo di utilizzo della tv o dei dispositivi elettronici; il quando e il come lavarsi i denti; l'orario a cui rientrare a casa; il modo in cui spendere i soldi. Esistono poi alcune regole legate alla convivenza: l'ordine in casa, l'aiuto in alcune faccende, la gestione del momento della cena.

Nel capitolo 7 abbiamo visto che i bambini per tutta l'infanzia hanno l'esigenza profonda di adeguarsi alle richieste dei genitori. Non aspettano altro. Per questo, se sono sufficientemente chiare ottengono l'adesione dei figli.

Quali sono le caratteristiche di una regola chiara?

La regola deve essere **comprensibile e precisa**: inutili verbosità e spiegazioni eccessive non servono. Non posso dire a un bambino di 5 anni: «Puoi guardare la tv per mezz'ora perché altrimenti poi ti rimbambisci troppo e non mi ascolti quando ti chiamo per cena. Lo sai che non bisogna esagerare con la tv». Semmai: «Puoi guardare un cartone animato breve della tua serie preferita».

Poi, deve essere **legata all'età evolutiva** dei figli: fare richieste eccessive o, al contrario, che bloccano le autonomie non può funzionare.

Deve essere **sostenibile e non proibizionistica**: le regole sono spazi di libertà in cui muoversi per consentire ai bambini e ai ragazzi di sperimentarsi in modo autonomo, sapendo che c'è un confine. Non ha senso dire a un bambino di 6 anni: «Andiamo al parco ma non devi sudare» quando magari è maggio, c'è il sole e ha la palla per giocare con i suoi amici.

> Le regole non sono comandi:

«Sbrigati!», «Mangia!», «Studia!», o addirittura «Dormi!». Queste comunicazioni attivano il pensiero dicotomico infantile e fanno scattare un meccanismo di contrapposizione creando il tipico muro contro muro da cui poi il genitore difficilmente esce bene. I bambini infatti riescono a dare il meglio di sé nel muro contro muro, mentre i genitori si ritrovano solo in una trappola emotiva.

La regola **non è un divieto**.

> I divieti sono importanti
> ma sono un'altra cosa.

Servono, in particolar modo, per i bambini piccoli: «Questo non puoi toccarlo», «Qui non si può andare». Fino ai 2, 3 anni sono i divieti a permettere ai bambini di definire la mappa di ciò che è possibile fare o non fare. Il caso dei bambini "morsicatori" degli asili nido è molto esplicativo. È inutile imporre la regola che non si mordono gli altri bambini, perché, se le regole sono procedure, i piccoli non hanno le competenze evolutive necessarie per seguirle. Un divieto chiaro risulta più efficace.

Infine, la regola **non è un'esortazione**. Non si tratta di insistere, convincere qualcuno o addirittura di supplicare, come a volte succede. Questo tipo di atteggiamento un po' remissivo e servizievole segnala ai figli la difficoltà dei genitori ad agire adeguatamente. «Ti prego... dai... vestiti, lo vedi che siamo in ritardo... dai forza non farmi arrabbiare», cosa che poi, in genere, succede.

QUALCHE ESEMPIO DI REGOLA PER L'INFANZIA		
Età	**Situazione**	**Regola**
Davide, 3 anni	Riposo notturno adeguato	«Dopo la cena si legge una storia insieme e poi si va a lavarsi i denti e a nanna.»
Marta, 5 anni	Libertà di movimento, non rovinare i vestiti giocando	«Bisogna andare a scuola con vestiti comodi. Puoi mettere la gonna una volta alla settimana.»
Stefania, 7 anni	Sviluppare autonomia scolastica	«Da stasera impari a fare lo zaino da sola. Per questa settimana ti aiuto a verificare che sia tutto a posto, ma dalla settimana prossima fai tu.»
Zeno, 9 anni	Utilizzo dei videoschermi	«Puoi giocare con la Wii o con il tablet o guardare la tv mezz'ora al giorno, dopo aver finito i compiti.»

Le regole sono procedure organizzative. Mi fa sempre una certa impressione ascoltare uomini e donne, professionisti con grandi responsabilità sul lavoro, che rientrati in casa sciolgono tutte le loro competenze in una melassa più o meno affettuosa che non permette ai figli di crearsi dei punti di riferimento precisi. Ogni esperienza necessita delle sue procedure chiare: come muoversi al parco, cosa si può fare o non fare al mare, come ci si comporta al supermercato. I bambini si sentiranno più sicuri e la tensione resterà sotto controllo.

La situazione cambia a partire dalla preadolescenza. Verso gli 11 anni, l'infanzia finisce. A questo punto le regole, pur mantenendo sostanzialmente le caratteristiche di quelle per l'infanzia (la chiarezza, la sostenibilità, il legame con l'età evolutiva, la differenza dal comando) prendono un altro requisito che ho già approfondito nel capitolo 3 di *Urlare non serve a nulla* e che consiste nella negoziazione.[5]

> Negoziare una regola con gli adolescenti significa offrire ai figli la possibilità di concordare determinate richieste, ma entro una precisa cornice limitativa.

Esiste una tecnica di negoziazione delle regole in età adolescenziale che definisco maieutica perché a fronte di un limite dato pone una domanda aperta, una domanda cioè che non deve essere retorica o contenere in sé già la risposta, ma offrire uno spazio di azione autonoma ai figli. Facciamo un esempio di negoziazione:

> Marco, 12 anni, non è ancora in grado di organizzarsi nella gestione dei suoi tempi di studio pomeridiano ed è capitato più di una volta che portasse a casa una nota per non aver fatto gli esercizi assegnati. Il padre, dopo averne parlato con

la mamma che in genere è più presente in casa nei pomeriggi, gli dice: «Marco, i compiti per il giorno successivo devono essere fatti tutti. Torni a casa, mangi e ti riposi, ma poi devi cominciare a farli, tenendo conto che entro cena devono essere finiti. Come pensi di organizzarti?».

L'informazione pone un limite al possibile accordo. Il padre non si mette a discutere sulle note, o sull'utilità o meno dei compiti. L'informazione è precisa: i compiti vanno fatti, non si discute, e vanno fatti entro l'ora di cena. La domanda apre invece alle possibilità del ragazzo di decidere un orario di inizio, ad esempio, e di organizzare liberamente il pomeriggio tenendo conto dei confini assegnati. Si crea così una dialettica, molto importante per un ragazzo che è in fase di crescita, fra la conoscenza dei limiti imposti dai genitori e la possibilità, entro questi limiti, di dare il suo apporto personale.

LA NEGOZIAZIONE MAIEUTICA CON I RAGAZZI

Età	**Situazione**	**Regola**
Michela, 11 anni	«Oggi noi non ci siamo. Il cane lo devi portare fuori tu.»	«Quando hai intenzione di farlo?»
Umberto, 12 anni	«Sei stato ammalato per tre giorni. Oggi hai bisogno di fare una doccia.»	«Quando pensi di poterla fare?»
Giorgio, 15 anni	«Tenuto conto dei tuoi impegni pomeridiani puoi iscriverti a uno dei corsi proposti dalla scuola.»	«Qual è quello che ti interessa di più?»
Sara, 16 anni	«Puoi andare alla festa ma non restare a dormire lì con i tuoi amici. Devi essere a casa entro l'una.»	«Come pensi di organizzarti per il rientro?»

L'informazione pone un confine regolativo, mentre la domanda restituisce al ragazzo o alla ragazza la libertà di muoversi all'interno di una decisione genitoriale in maniera sostenibile con le sue esigenze o quando lo ritiene opportuno.

> L'informazione non lascia dubbi,
> la domanda apre lo spazio della negoziazione.

A chi spetta il compito della negoziazione con un figlio adolescente?

Abbiamo visto che non è necessario né utile che lo si faccia in due.

> Quando è possibile è meglio che se ne occupi
> il padre perché quelle con i figli sono negoziazioni
> basate sui valori paterni di normatività,
> responsabilità e coraggio.

Perché il padre? Come ho detto, accade troppo spesso che nel periodo tra gli 11 e i 16 anni la madre abbia ancora "i figli nella pancia", cioè che sia ancora molto coinvolta dal punto di vista emotivo, e che il legame con il figlio o la figlia non si sia ancora trasformato come dovrebbe. Ma i ragazzi hanno il compito evolutivo di affrontare i nodi essenziali della crescita e avanzare nella vita. Normalmente il padre, anche se le eccezioni esistono, risente meno di questa sensibilità emotiva. Certo, anche i padri hanno un legame profondo con i figli ma è più facile per loro, proprio perché non hanno vissuto lo stesso mix di emozioni materne, sostenere la negoziazione mantenendo una certa distanza. Serve quel distacco che consente di tenere a bada l'ansia che in qualche modo si crea, proprio perché la negoziazione non impone tutto, non pretende di controllare l'intero processo ma solo di definirne in modo chiaro i confini e gli accordi.

3° passo avanti

State al vostro posto, i figli potranno trovarvi sempre lì

Se internet, un mondo continuamente interconnesso, rappresenta lo spirito dei tempi, invito i genitori a digitare su un motore di ricerca alcune parole chiave: "Famiglia", "Genitori", "Figli". Alla categoria immagini usciranno centinaia di possibilità, tutte più o meno allineate attorno a un immaginario collettivo di felicità, vicinanza, armonia. La cosa che più mi colpisce è la postura dei gruppi familiari: nella maggior parte dei casi i figli sono letteralmente addosso ai genitori. Si percepisce una propensione corporea al contatto fisico che, nel confronto con le classiche foto d'epoca in bianco e nero, risulta una vera rivoluzione.

I figli addosso. Mi sembra una buona metafora della situazione attuale che presenta indubbi vantaggi rispetto al passato e ha prodotto un significativo aumento del benessere relazionale. L'inconveniente però si crea nel momento in cui i genitori hanno bisogno di stabilire una distanza, di posizionarsi in un ruolo specifico educativo.

Emerge anche in alcuni aspetti concreti più legati alla convivenza: tutti insieme in bagno, tutti insieme nel lettone, tutti insieme nei videogiochi. Ma, se il confine è stato abbattuto, non è facile poi ricrearlo quando invece serve, e la via più veloce sembra quella del ricorso a urla, minacce, atteggiamenti aggressivi: «Esci di qui, adesso voglio stare in pace», «Non provarci più a tirarmi i capelli o ti metto in castigo!», «Adesso basta! Ti ho detto che non è il momento».

L'abbattimento di questa distanza simbolica che segna anche la differenza di ruolo tra genitori e figli, e che sottrae la relazione al rischio di trasformarsi in amicizia, è molto allettante per i figli stessi che, specialmente quando sono piccoli, tendono a ricreare la relazione simbiotica anche neonatale. Una mamma di un bambino di 6 anni mi descrive il figlio: «È un coccolone... così affettuoso. Mi riempie di baci». Le chiedo: «Prova anche a toccarle il seno?». «Sì, in effetti lo rilassa molto.» Quello del bambino è uno slancio neonatale che lo riporta alla dimensione di fusionalità del primo anno di vita. Ma a 6 anni non può più essere così e, se la distanza non è impostata in modo adeguato, diventa difficile per questa mamma svolgere il suo compito educativo senza rischiare di infilarsi in una dimensione emotiva densa di tranelli.

Un altro esempio di promiscuità relazionale, che spesso si osserva anche in famiglie con bambini ben oltre i 3 anni, è

> l'abitudine di baciare i figli sulla bocca.

Si tratta a tutti gli effetti di un tipico e legittimo comportamento da fidanzati: le labbra rappresentano una delle zone erogene ("che danno piacere") per eccellenza, sia dal punto di vista evolutivo (la suzione e l'allattamento) sia dal punto di vista strettamente erotico-sentimentale. Giustamente le coppie usano le labbra come luogo di eccitazione e scambio di effusioni intime. Baciare i figli sulla bocca contiene quindi un elemento molto confusivo e segnala una sorta di simbiosi sentimentale eccessiva.

Distanza, comunque, non significa lontananza. A seconda dell'età e delle capacità visive, se noi dobbiamo leggere la pagina di un libro, dobbiamo collocarlo a una certa distanza, altrimenti rischiamo di non cogliere il senso delle parole scritte. Lo stesso vale per i figli. Se li abbiamo addosso, facciamo fatica ad accorgerci che sono cresciuti, che non sono più i nostri piccoli, che i loro interessi sono cambiati, che hanno nuove esigenze.

È attraverso la dimensione della distanza che il genitore può riuscire a utilizzare buone metodologie educative evitando di finire invischiato in trappole emotive e di attivare modalità punitive.

La distanza è necessaria per utilizzare i dispositivi educativi e pedagogici che ho proposto in questo libro, compresa la tecnica del silenzio attivo, a cui è dedicato il prossimo capitolo.

La distanza educativa è inoltre fondamentale nella costruzione delle autonomie.

L'iperaccudimento impedisce che i bambini a 3 anni camminino da soli e non stiano nel passeggino, che mangino e si lavino i denti senza assistenza continua; che a 4 sappiano giocare in modo autonomo senza necessariamente coinvolgere il papà o la mamma; che a 5 anni imparino ad andare in bagno e pulirsi da soli; che a 8 anni si preparino lo zaino scolastico.

Le regole chiare, concordate tra i genitori, aiutano a definire questo spazio, che allontana il rischio di trasformarsi in assistenti dei figli invece che in educatori e di ricorrere a modalità punitive per recuperare il proprio ruolo.

Memo

I TRE PASSI INDIETRO

1° passo indietro
Non urlate, non punite. Prendetevi tutto il tempo che vi serve per riflettere

Quando la tensione sale e vostro figlio o vostra figlia sta mettendo a dura prova la capacità di gestire la situazione, fermatevi. Invece di iniziare a sbraitare, pronunciare frasi di cui vi pentirete, intimare punizioni di svariata natura, prendete tempo, sottraetevi alla dinamica emotiva e cercate di osservare quello che sta accadendo.

2° passo indietro
Mantenete la distanza educativa: i figli vi sentiranno più vicini

Evitate di essere eccessivamente disponibili e confidenziali. Non temete di mettere in questo modo a rischio la vostra relazione con i figli: i bambini e i ragazzi hanno bisogno di voi come genitori, non come amici.

3° passo indietro
Non parlategli troppo!

Data la naturale immaturità evolutiva propria di bambini e ragazzi, il tentativo di educarli con le parole, le spiegazioni, i discorsi rischia di generare incomprensioni. Evitate lo scambio verbale continuo, concentratevi sulle indicazioni essenziali e sul fare le mosse giuste.

I TRE PASSI AVANTI

1° passo avanti
Fate gioco di squadra

La coesione nella coppia educativa è un elemento essenziale per organizzare in modo efficace l'educazione dei figli. La crescita dei vostri figli va progettata, non improvvisata. Anche quando vi colgono impreparati, usate il gioco di squadra per prendere le distanze: «Ne devo parlare con il papà», «Voglio prima sentire cosa pensa la mamma».

2° passo avanti
Date buone regole: chiare per i bambini, negoziate con gli adolescenti

Le regole non sono gabbie, ma spazi di libertà che permettono ai vostri figli di muoversi e sperimentarsi dentro limiti e confini che li proteggono e contengono. Definite buone regole, avrete figli più sicuri e sereni.

3° passo avanti
State al vostro posto, i figli potranno trovarvi sempre lì

Il compito dei genitori è quello educativo. I figli hanno bisogno di sapervi al vostro posto: accoglienti ma saldi; capaci di mantenere il vostro ruolo e di gestirlo con serenità; sempre pronti a fornire la mappa educativa per imparare a vivere la vita.

10

IL SILENZIO ATTIVO E LE SUE APPLICAZIONI

È la resistenza dell'aria che consente il volo.
E. KANT, *Critica della ragion pura*

UNA VALIDA ALTERNATIVA ALLE PUNIZIONI

Da alcuni anni propongo ai genitori di preadolescenti o adolescenti di usare la tecnica del "silenzio attivo" che ho descritto nel libro *Urlare non serve a nulla*, nel capitolo dedicato ai conflitti di quell'età.[1] Nel frattempo, lavorando con i genitori dei più piccoli, mi sono accorto che risulta molto utile anche con i bambini cosiddetti "tirannici" ossia quelli che, apparentemente, vogliono comandare sul papà e la mamma. Dopo varie sperimentazioni, trovo che il silenzio attivo sia un'efficace alternativa alla punizione.

I figli, durante la crescita, faticano a prendere atto delle trasformazioni che vivono e a sintonizzarsi con le richieste dell'ambiente circostante. Il silenzio attivo si rivela un ottimo strumento non solo per i genitori, ma anche per offrire a bambini e ragazzi uno stacco da quello che sta avvenendo, un momento di chiarimento, aiutandoli a uscire dal loro arroccamento e a non arenarsi sulle loro posizioni. Si crea uno scarto nel flusso di percezione della realtà, e questo offre la possibilità di analizzare il proprio comportamento da una prospettiva "esterna", non puramente personale.

Avvertono che qualcosa non va. Più che le urla e le punizioni, il silenzio attivo consente a bambini e ragazzi di avviare in modo autonomo una revisione degli atteggiamenti impropri. Il figlio si attende la tipica reazione genitoriale – urla, sgridate o punizioni – e resta sorpreso dal cambio di rotta, che risulta alla fine più efficace e meno sgradevole per far emergere una nuova comprensione del problema.

LA TECNICA DEL SILENZIO ATTIVO

Come funziona

Si tratta di interrompere le comunicazioni con il figlio o con la figlia, segnalando che si sta creando una situazione non tollerabile sul piano educativo, quando non addirittura pericolosa, in particolare per gli adolescenti. **Consiste nel sospendere la comunicazione verbale, sottraendosi a spiegazioni, recriminazioni, urla, o sceneggiate esibizionistiche.**

Quando si usa?

Non sempre. **Occorre che le situazioni in cui si decide di utilizzarlo siano significative.** È una strategia da mettere in campo quando l'organizzazione educativa è stata impostata e succede qualcosa che pone il serio rischio di recare danno ai figli. Ad esempio, se il figlio preadolescente mente ripetutamente su questioni scolastiche, o se la bambina di 3 anni si abitua a comportamenti aggressivi nei confronti della mamma. L'elemento "sorpresa" deve sempre avere la sua parte. Non ne va fatto un uso che lo inflazioni o lo renda una routine, una cosa banale. Con i bambini possono bastare pochi minuti per segnalare un comportamento disfunzionale e pericoloso anzitutto per loro. Nella fascia tra gli 11 e i 16 anni il silenzio attivo si è rivelato particolarmente efficace, anche per prendere tempo e confrontarsi con l'altro genitore di fronte a situazioni improvvise, tipiche della fase in cui i ragazzi iniziano ad allontanarsi dal padre e dalla madre e la tentazione di farlo in modo improprio è molto forte. Più difficile l'uso a partire dai 17 anni: a quell'età sono troppo grandi e potrebbero quasi essere compiaciuti del silenzio dei genitori.

Come si usa?

Perché il silenzio attivo sia efficace le condizioni sono due.

Che sia condiviso dalla coppia genitoriale.

A parte nelle situazioni di grave separazione conflittuale, madri e padri dovrebbero sempre preoccuparsi di condividere le decisioni educative fondamentali, compresa questa tecnica.

Che non sia confuso con una reazione di rabbia o di disappunto verso i figli e utilizzato come strumento punitivo.

L'aggettivo "attivo" sta proprio a indicare questa caratteristica della tecnica: non va confusa con il ricatto psicologico, messo in atto con il chiaro obiettivo di mortificare i figli. **Non si tratta della reazione a un'offesa ai genitori, ma di segnalare una significativa deviazione dai necessari obiettivi di sviluppo e di maturazione.**

Non servono grandi spiegazioni, basta introdurre il silenzio con una semplice frase, che informi che il genitore ha deciso di prendersi del tempo per riflettere su quello che sta accadendo. Può servire anche esplicitare le emozioni che si stanno provando. «La mamma e il papà sono stupiti per quello che è successo. Questo comportamento non va bene. Adesso staranno un po' in silenzio per pensarci» oppure «Non ho intenzione di parlarne adesso. Sono molto stupita/o dal tuo comportamento, mi fa arrabbiare. Ne voglio prima parlare con il papà/la mamma».

È importante prendere le distanze ed evitare di reagire agli eventuali comportamenti provocatori che potrebbero seguire, chiaramente mirati a ricondurre il genitore sul piano più familiare della reazione emotiva. Il silenzio non implica necessariamente il mutismo totale, ma un atteggiamento rigoroso che segnali che quello che è accaduto non va bene. Inutile e controproducente dare troppe spiegazioni, anzi occorre limitare al minimo lo scambio verbale, in particolare con i bambini.

A seconda dell'età il tempo del silenzio attivo può variare da pochissimi minuti per i bambini di 3-4 anni; a una giornata, se non due, per i ragazzi di 15-16 anni, a seconda della gravità della situazione che si vuole segnalare.

I GENITORI SI RACCONTANO

Anna, mamma di Sofia, 8 anni e Giulio, 5, racconta la sua storia di mamma molto "parlante".

> Quando finalmente ci fermiamo un momento e ci diciamo che sì, abbiamo un problema e che ci serve aiuto per uscirne, ci ritroviamo esasperati dall'incapacità di gestire le reazioni aggressive dei nostri figli. Ci sentiamo tiranneggiati...
>
> Sofia, 8 anni, è una bambina brillante, piena di energie. A scuola va bene, con gli altri bambini gioca più che volentieri. Ma con noi, in casa e fuori, ha reazioni violente: parolacce, botte e urla. Abbiamo notato che succede soprattutto quando riceve dei no, non accetta la minima imposizione... e noi non siamo più capaci di tenere ferma una regola, che sia la tv o il rispetto dei pasti.
>
> Giulio è più riflessivo e tranquillo, ma segue a ruota le

reazioni della sorella e manifesta episodi di aggressività improvvisa che ci spiazzano. Eppure dedichiamo molto tempo a stare con loro, abbiamo sempre cercato di parlare, di dialogare, di negoziare, di decidere insieme, spesso anche di anticipare le loro richieste...

Ecco appunto: dialogare, negoziare, decidere insieme, cercare un rapporto di complicità! Eccesso verbale e troppa "vicinanza" emotiva, puntando sul registro del dialogo: tutto ciò che scopriamo essere un compendio di errori fatali! È stato duro ammettere, attraverso il confronto, che stavamo sbagliando su tutta la linea, anche se con le migliori intenzioni.

Scopriamo che così facendo avevamo mandato in tilt i nostri figli, generando in loro atteggiamenti di confusione e ansia. Ma è stato anche liberatorio scoprire un metodo che ci permetteva di approntare delle contromisure. Abbiamo imparato (mai per sempre!) a non farci travolgere dalla collera e a prendere le distanze, a imporre poche regole e a non transigere, a decidere noi cosa è bene per loro e a comunicarlo senza grandi proclami, ma soprattutto abbiamo appreso un metodo per "rispondere" alle parolacce e all'aggressività: il silenzio attivo! È stato come fare inversione a U e cambiare rotta. Sostituire il nervosismo, l'eccesso verbale e le sgridate (e qualche sculacciata quando l'esasperazione ci vinceva) con il silenzio! All'inizio, soprattutto Sofia, è diventata ancora più irruenta, specialmente quando si è accorta che facevamo sul serio... ma, alla fine, sentendosi rassicurati dal nostro ritrovato equilibrio, le reazioni di entrambi sono man mano diminuite e ora sappiamo come fare per agire e non re-agire di fronte ai loro comportamenti.

Anna racconta di una figlia aggressiva verso i genitori. A un certo punto lei stessa si rende conto che le parole alimentano di fatto le argomentazioni emotive della bambina, come se si trasmettessero a un livello di comunicazione più profondo, sostanzialmente ansiogeno. Invece nel momento in cui i genitori, attraverso il silenzio attivo, sospendono il rimpallo emotivo che "costringe" la bambina a tampinare la madre nelle sue articolatissime spiegazioni, questo effetto domino si blocca e il batti e ribatti termina.

> Sofia integra dentro di sé questo contrasto
> con la mamma e se ne fa una ragione,
> magari con una buona dose di pensiero magico.

Importa che sia lei a "fare da sola" al posto della mamma che, nell'erronea convinzione di proteggerla, la trasporta emotivamente in un mondo non suo.

Anche Patrizia, mamma di Elisa, 13 anni, racconta:

> Preparavo la cena ed Elisa era nella sua camera. Ci raggiunge in cucina. Sa che il telefono può utilizzarlo solo fino alle 19 e l'orario era passato: il cellulare era su un ripiano della cucina e lei tentava, cercando di non farsi vedere, di prenderlo fuori orario.
>
> Il padre l'ha colta in fallo. «Elisa… che fai?»
>
> «Niente…»
>
> «Come niente? Che ore sono? Qual è la regola?»
>
> «Sì, ma… Uffa però…»
>
> «Uffa cosa?»
>
> «Dovevo solo vedere una cosa!»

«Lo sai bene che devi chiedere se non è l'orario. Chiaro?»

A quel punto, come sotto un maleficio, Elisa cambia tono ed espressione facciale. Molla in malo modo il telefono sul tavolo e, protestando in maniera plateale, volta le spalle al padre ed esce dalla cucina.

Il padre non interviene per replicare, ma lo faccio io: «Elisa così non va bene. Mi dispiace molto». Lei continua a borbottare, va in camera sua e sbatte la porta. Da parte nostra silenzio. Non la richiamiamo se non quando è ora di mettersi a tavola, neanche quando prima di cena la tv propone un servizio sugli Egizi che sappiamo interessarle molto. Durante la cena manteniamo con lei un atteggiamento garbato ma severo, manifestiamo chiaramente il nostro silenzio attivo. Sparecchiamo e lei, come al solito, collabora su richiesta.

A un certo punto si avvicina al padre: «Papà... mi dispiace per prima».

I due si parlano e chiariscono le loro posizioni rispetto al telefono e al tentativo di "broglio".

Senza l'uso della tecnica l'avremmo rincorsa in camera ingaggiando un duello, per finirla poi a "tarallucci e vino" nel tentativo di far pace...

Elisa manifesta la sua età cercando di svincolarsi dal controllo genitoriale. Il padre vigila e la situazione si surriscalda rischiando di diventare incandescente. Qui entra in gioco la tecnica del silenzio attivo.

> È uno strumento che serve per creare la giusta distanza, disinnescando le reazioni emotive e la tentazione di voler vincere a tutti i costi la "sfida" con i ragazzi.

In questo senso il silenzio attivo si pone al servizio dei genitori in una logica di libertà:

> ha l'obiettivo di riattivare il ruolo
> e le competenze genitoriali,
> non di sostituirsi a esse.

Spesso, se usato con i giusti accorgimenti, funziona oltre ogni aspettativa e anche i genitori restano meravigliati di come basti poco a rendere più fluidi i rapporti con i figli in un'età particolare della loro vita.

Mi racconta Lara, mamma di Isabella, 18 anni, e Filippo, 14.

> Ho avuto occasione di sperimentare la tecnica del silenzio attivo con i miei due ragazzi.
>
> Non ricordavo con precisione l'ultima volta che l'avevo utilizzata, e ieri ho chiesto a mia figlia se poteva aiutarmi a fare mente locale.
>
> Con l'occasione abbiamo parlato di cosa era successo e ho chiesto a lei come si era sentita. Sono venute fuori delle considerazioni piuttosto interessanti: «Quando fai qualcosa di sbagliato» mi ha detto, «lo sai già dentro di te. E se parlando, alzando la voce o dando punizioni, i genitori pensano di ottenere qualcosa, si sbagliano. Per noi ragazzi è solo un tentativo di far valere la vostra autorità, che è la cosa che più ci indispone». Isabella sostiene, invece, di aver vissuto il nostro silenzio, quando lo abbiamo utilizzato, come un vero intervento educativo. E anzi, mi ha suggerito che il periodo di sospensione delle comunicazioni deve essere lungo, perché altrimenti perde di efficacia. «Bisogna darci il tempo di ca-

pire *da soli* in cosa abbiamo sbagliato, perché ci siamo comportati in un certo modo e decidere con la nostra testa che magari è meglio non farlo più. È la soluzione migliore: le altre sono solo forme di sfogo dei genitori che non sono capaci di gestire la situazione, e soprattutto di aspettare.»

L'aveva colpita così tanto aver sperimentato il silenzio su di sé che quando Filippo, poco tempo fa, ha combinato un guaio gigantesco e io e mio marito eravamo un po' in tilt, è stata lei a suggerirci di non parlargli più: «Mamma, papà, smettetela di spiegare... State in silenzio e vedrete che capirà di più da solo».

Rimanemmo molto impressionati... ma funzionò!

Da parte mia ho capito che il silenzio permette di abbassare il livello emotivo e li aiuta a comprendere da soli la gravità di quello che hanno fatto. Così, "a caldo" facciamo un sunto dell'accaduto, dichiariamo che siamo arrabbiati e per un po' limitiamo i dialoghi alle cose necessarie.

Lara, dopo varie esperienze, acquisisce la consapevolezza che non si possono guidare i figli col guinzaglio, che non è questo il compito dei genitori. Creare la giusta distanza vuol dire consentire loro di aiutarsi da soli, riconnettersi con se stessi e con l'ambiente in cui vivono e offre una nuova mappa per muoversi tra i tanti problemi e conflitti.

Lara si accorge che

> lo scopo del silenzio attivo è proprio quello di abbassare la tensione emotiva, evitare che la rabbia dilaghi e consentire di cogliere la situazione nei suoi contorni effettivi piuttosto che nelle tante supposizioni personali a cui può essere soggetta.

Il contenimento funziona, i figli lo capiscono e apprezzano lo sforzo dei genitori di adottare strumenti che li mettono in relazione con se stessi anziché investirli con urla e rimproveri. Racconta Giorgio, papà di Stefano, 5 anni:

> Quando mio figlio Stefano di 5 anni e mezzo si impunta perché non vuole fare una cosa o si oppone alle nostre richieste, a volte perdendo le staffe, a me e a mia moglie basta uno sguardo e immediatamente interrompiamo la comunicazione con il bambino per qualche minuto.
>
> Per lui questa cosa è terribile. Mio figlio dice: «No, no, va bene» e si tranquillizza.

In poche righe Giorgio riassume benissimo questa tecnica.

Primo. Concordare e verificare l'intesa con l'altro genitore: «A me e a mia moglie basta uno sguardo».

Secondo. Usare un tipo di silenzio adeguato all'età del bambino: «Interrompiamo la comunicazione per qualche minuto».

Terzo. Riprendere la comunicazione nel momento in cui il figlio segnala di aver capito: «"No, no, va bene" e si tranquillizza».

Con i bambini, specialmente quelli più piccoli, che giustamente vogliono recuperare il contatto con i genitori, non c'è bisogno di annunciare che succederà qualcosa: un silenzio di pochi minuti è sufficiente. Il silenzio attivo ha consentito a Stefano di sottrarsi alla propria stessa furia. È sufficiente uno sguardo fra i due genitori.

Man mano che i bambini crescono, e in particolare con gli adolescenti, una spiegazione è invece necessaria. Lo scopo è identico: favorire l'autoregolazione, promuovere un apprendimento personale, evitare atteggiamenti correttivi che creano un'inutile dipendenza.

> Siamo nel cuore di un metodo che vuole essere maieutico, che ha fiducia nei figli perché ne valorizza le risorse e le capacità, ma al tempo stesso ha fiducia nei genitori e nella loro abilità di intervenire in modo efficace.

La duplice testimonianza di Elena, la mamma, e Bianca, la figlia di 12 anni, chiarisce bene il senso di questa proposta educativa.

Bianca, 12 anni

Un giorno ero a casa con una mia amica e, mentendo sul fatto che avevamo già finito i compiti, abbiamo chiesto di poter uscire a fare un giro. Mia madre gestisce un doposcuola in cui vanno anche alcuni miei compagni, quindi sa quali compiti devo fare senza dover controllare il diario. Quando io e la mia amica siamo tornate a casa, per mia sfortuna, solo per verificare come avevo svolto un esercizio mi ha chiesto di vedere proprio quello che non avevamo fatto.

All'inizio ho provato a scamparla mostrandole altri esercizi, so come mentire a mia madre, ma lei non è nata ieri: si è accorta che qualcosa non andava e ha chiesto anche alla mia amica, che essendo più debole, ha confessato. Dopo una breve ramanzina in cui diceva che era molto dispiaciuta e che non capiva perché le avevamo detto una bugia, e una meno breve chiamata alla mamma della mia amica, mia madre ha pronunciato la frase più tremenda che si possa dire in un momento come quello: «Ne riparliamo stasera con papà, adesso sono troppo arrabbiata». La parte peggiore è proprio quando riferisce le mie malefatte a papà, lui e i suoi occhioni severi: papà non urla, mi fa un sacco di domande... preferisco quasi le punizioni.

Comunque all'inizio ero infuriata e me ne sono andata in camera sbattendo i piedi per terra, come faccio di solito, ma lei non ha battuto ciglio e dopo un po' ho cambiato tattica: sono tornata e ho fatto l'angioletto. Le ho chiesto scusa, naturalmente ero pentita, e per fortuna me la sono cavata così, anche se poi alla sera con mio padre ne abbiamo parlato davvero.

Da quel giorno ho sempre fatto tutti i compiti prima di chiedere di uscire.

Elena, mamma di Bianca

Mi chiama e mi chiede se possono uscire a fare un giro, dato che hanno finito tutti i compiti. «Certo!» rispondo. Ultimamente ama solo stare sdraiata sul divano, quindi va benissimo che abbiano deciso di uscire. Concordiamo l'ora del rientro.

Torno a casa e quando arriva, puntuale, le chiedo di verificare il passaggio di un esercizio: quel pomeriggio avevo dovuto aiutare un suo compagno in matematica e volevo capire quale metodo utilizzava la sua professoressa. Senza battere ciglio apre la pagina del quaderno su un esercizio che non c'entra niente. Glielo faccio notare: «Non è questo». «Ah no, mi sono sbagliata!» ribatte. Cambia la pagina e mi presenta un altro esercizio, di nuovo che non c'entra. Mi innervosisco. Riconosco quello sguardo e quel tono. La guardo: «Bianca, dov'è l'esercizio?». Muta, mi sfida. Mi rivolgo alla sua amica, pallida come un cadavere. «Anna, scusa, li avete fatti o no i compiti di matematica?» Lei balbetta e poi ammette. Adesso quella ammutolita sono io.

Ma perché? Che bisogno c'era di mentire per chiedere di

uscire? Tra l'altro molto probabilmente le avrei fatte uscire lo stesso. Domando: «Ma come pensavi di fare domani?». Risponde: «Be' li avrei copiati da Bea... Ma forse era meglio che non lo dicevo...». Adesso sono proprio incavolata nera. Ma cosa crede di fare questa ragazzina? Pensa davvero di riuscire a fregarmi?! La tentazione di sbraitarle addosso è fortissima. Senza contare che lei è brava a scuola, che bisogno ha di mentire sui compiti? D'istinto mi verrebbe da dirle che non mi fiderò più di lei, che adesso tutte le sere, o meglio, random, controllerò se ha fatto i compiti. E se non li ha fatti scatteranno le punizioni. Cellulare requisito.

Realizzo in un secondo che così facendo partirebbe la solita discussione infinita: riuscire a fare stare zitta Bianca è un'impresa, ne sa una più del diavolo, mi logora e i miei nervi poi, tra la stanchezza e la rabbia, scattano in fretta.

Mi trattengo. Dico: «Chiamo la Federica (la mamma della sua amica) e le dico cosa è successo. Poi, stasera ne parliamo con tuo padre, adesso sono molto arrabbiata e non me la sento». Partono le sue solite sceneggiate, ma io non mollo e non pronuncio parola sull'argomento, se non per ribadire che lo avremmo ripreso la sera con il padre. Ho già sperimentato altre volte che funziona: questa frase è più efficace delle punizioni e mi toglie dall'impasse quando mi ritrovo tra lo stupito e l'incavolato di fronte alle sue scene.

Se ne va in camera e si mette a finire l'esercizio di matematica. Dopo un po', quando l'amica ormai è andata, torna e, tutta mansueta, chiede scusa. Accetto le scuse ma non cedo sul parlarne con il padre, al quale ho peraltro già telefonato.

Alla sera ci chiariamo tutti insieme: non ci vuole molto, cinque minuti.

Per quel che ne so, da lì i compiti sono sempre stati fatti tutti.

L'età della ragazza ci dice tante cose: la voglia di aggirare il controllo della mamma; gli ingegnosi tentativi per sentirsi "più furba" della mamma stessa; le provocazioni verbali per spostare il confronto sul piano emotivo piuttosto che su quello dei fatti.

La mamma non ci casca e agisce con molta attenzione cercando di fare le mosse giuste, anziché reagire subito sul piano emotivo. Prima di tutto crea una distanza con la ragazza, trattenendosi dal manifestare la sua collera, seppur legittima. Quindi usa la tecnica della convergenza educativa sul padre,[2] annunciando che dovrà parlarne con l'altro genitore. Infine, silenzio attivo: sospende tutto e attende la cena.

La figlia è sorpresa... ma per nulla mortificata. Poco alla volta capisce, e se ne fa una ragione. Il tutto condotto passo dopo passo, gestendo anzitutto le emozioni che iniziavano a scaldarsi e rischiavano di scatenare inutili tensioni.

Alla fine la soddisfazione è reciproca.

Tutti possono farcela. I genitori hanno solo bisogno di crederci, di provarci con coraggio, di poterci riflettere e aspettare il semaforo verde prima di voler passare a tutti i costi.

Ridurre il controllo e migliorare l'organizzazione educativa impedisce di perdersi in quelle trappole emotive che portano allo stress, alle urla e alle punizioni. Esiste un altro modo più efficace di educare, e voi potete applicarlo!

NOTA DELL'AUTORE

Nei miei ultimi libri mi prendo la responsabilità di liberare dai pregiudizi alcuni temi educativi che fanno parte della secolare storia del rapporto genitori-figli: la ricerca dei colpevoli nei litigi infantili, le sgridate e infine le "necessarie" punizioni. Cerco di farlo con la giusta leggerezza e il massimo di empatia per i tanti genitori che leggono queste pagine. Far crescere i figli è meraviglioso ma anche difficile. Il mio desiderio è che ogni lettore trovi un aiuto e mai un giudizio. Spero che riconoscersi nelle storie che racconto, e che i genitori stessi con i loro figli mi hanno consegnato, rappresenti un momento liberatorio e – se possibile – un vero nuovo inizio.

Scrivo questo libro nell'estate del mio sessantesimo anno di vita e lo faccio con una certa emozione, rendendomi conto di quanta strada ho dovuto percorrere per arrivare a queste scoperte. Il tempo impiegato è stato tanto ma penso, chiedendo la conferma a voi lettori, che questo sforzo di ricerca possa risultare utile ed efficace.

RINGRAZIAMENTI

In tanti mi hanno scritto per raccontarmi le loro storie. Il libro esce anche grazie a questi numerosissimi contributi e alla loro generosità. Sento verso ciascuna di queste persone una grande riconoscenza, una copia firmata del libro è l'unico modo tangibile che ho per esprimerla.

Grazie ai membri dello staff del CPP (Centro psicopedagogico per l'educazione e la gestione dei conflitti) con cui condivido la ricerca per offrire metodi educativi nuovi che facciano crescere e star bene le persone.

Un grazie a mia moglie Marta, il libro rappresenta un'ulteriore esperienza comune.

Grazie a Elena Gatti per il prezioso supporto nel lavoro di stesura.

Grazie a Marco Fiocca e Federica Magro della BUR Rizzoli per l'attenzione competente e la fiducia con cui seguono il mio lavoro di pedagogista.

Un saluto affettuoso a mia figlia e al mio piccolo nipotino.

Per contattare l'autore (anche per consulenze e interventi pubblici):
daniele.novara@cppp.it

Per informazioni sulle mie attività:
www.cppp.it

Per restare in contatto su Twitter:
@NovaraDaniele

Su Facebook:
Daniele Novara

NOTE

1. *È meglio cercare di educare bene che trovare la punizione perfetta*

[1] D. Novara, *Litigare fa bene. Insegnare ai propri figli a gestire i conflitti, per crescerli più sicuri e felici*, BUR, Milano 2013; *Urlare non serve a nulla. Gestire i conflitti con i figli per farsi ascoltare e guidarli nella crescita*, BUR, Milano 2014.

[2] Con "pedagogia nera" si intendono quei modelli educativi che legittimano la coercizione e le punizioni violente. Sul tema si vedano il recente volume di Katharina Rutschky (a cura di P. Perticari), *Pedagogia nera. Fonti storiche dell'educazione civile*, Mimesis, Milano 2015; diversi testi della psicologa e psicanalista Alice Miller, tra i quali *Riprendersi la vita. I traumi infantili e l'origine del male*, Bollati Boringhieri, Torino 2009; *La persecuzione del bambino. Le radici della violenza*, Bollati Boringhieri, Torino 2008; *La rivolta del corpo. I danni di un'educazione violenta*, Raffaello Cortina Editore, Milano 2005; e alcuni testi a cura dello psicoterapeuta Claudio Foti, *Il maltrattamento invisibile. Scuola, famiglia, istituzioni* (con C. Bosetto e A. Maltese), Franco Angeli, Milano 2000; *Chi educa chi? Sofferenza minorile e relazione educativa*, Unicopli, Milano 1992.

[3] S. Vegetti Finzi, A.M. Battistin, *I bambini sono cambiati. La psicologia dei bambini dai cinque ai dieci anni*, Oscar Mondadori, Milano 2009, p. 205.

2. *Le punizioni oggi: bambini e genitori si raccontano*

[1] A. Miller, *Il dramma del bambino dotato e la ricerca del vero sé. Riscrittura e continuazione*, Bollati Boringhieri, Torino 2008.
[2] M. Montessori, *Educazione per un mondo nuovo*, Garzanti, Milano 2000, pp. 131, 132.
[3] M. Montessori, *Il bambino in famiglia*, Garzanti, Milano 2000, pp. 54-55.
[4] A. Oliverio, *Piccole memorie crescono*, «Mente & cervello», n. 118, ottobre 2014, p. 18.
[5] Vedi cppp.it, il sito del CPP, il Centro psicopedagogico per l'educazione e la gestione dei conflitti che ha sede a Piacenza e Milano.

3. *L'educazione nel passato: raddrizzare il legno storto*

[1] G. Ledda, *Padre padrone. L'educazione di un pastore*, Feltrinelli, Milano 1975.
[2] S. Lacan, *Un padre. Puzzle*, Le Lettere, Firenze 2001.
[3] A.M. Mori, *Nel segno della madre. Di donna in donna: tredici figlie famose raccontano*, Frassinelli, Roma 1992, p. 130.
[4] C.G. Jung, *Psicologia e educazione. 1926/1946*, Editore Boringhieri, Torino 1979, pp. 28-29; sottolineato dell'Autore.
[5] A. Marcoli, *Il bambino arrabbiato. Favole per capire le rabbie infantili*, Mondadori, Milano 1996, p. 272.
[6] E. Berne, *"Ciao!"... E poi?*, Bompiani, Milano 2000.
[7] A. Ancelin Schützenberger, *Esercizi pratici di psicogenealogia,*

per scoprire i propri segreti di famiglia, essere fedeli agli antenati, scegliere la propria vita, Di Renzo Editore, Roma 2012, pp. 24-25.
[8] A. MILLER, *Il dramma del bambino dotato e la ricerca del vero sé*, cit.
[9] A. MARCOLI, *Il bambino arrabbiato*, cit., p. 274.
[10] C.G. JUNG, *Jung parla. Interviste e incontri*, Adelphi, Milano 1995, pp. 551-552.
[11] Per informazioni sulla Scuola Genitori del CPP si veda: www.cppp.it/la_scuola_genitori.html.

4. *Con le punizioni imparano ma non ciò che è utile alla loro crescita*

[1] R.E. LARZELERE, B.R. KUHN, *Comparing Child Outcomes of Physical Punishment and Alternative Disciplinary Tactics: A Meta-Analysis*, «Clinical Child and Family Psychology Review», vol. 8, n. 1, marzo 2005, pp. 1-37.
[2] E.T. GERSHOFF, A. GROGAN-KAYLOR, *Spanking and Child Outcomes: Old Controversies and New Meta-Analyses*, «Journal of Family Psychology», vol. 30, n. 4, giugno 2016, pp. 453-469.
[3] T.P. BEAUCHAINE, ET. AL., *Mediators, Moderators, and Predictors of 1-Year Outcomes Among Children Treated for Early-Onset Conduct Problems: A Latent Growth Curve Analysis*, «Journal of Consulting and Clinical Psychology», vol. 73, n. 3, giugno 2005, pp. 371-388.
[4] M. WANG, S. KENNY, *Longitudinal Links Between Fathers' and Mothers' Harsh Verbal Discipline and Adolescents' Conduct Problems and Depressive Symptoms*, «Child Development», vol. 85, n. 3, maggio-giugno 2014, pp. 908-923.
[5] L.J. BERLIN, ET. AL., *Correlates and Consequences of Spanking and Verbal Punishment for Low-Income White, African American, and Mexican American Toddlers*, «Child Development», vol. 80, n. 5, settembre-ottobre 2009, pp. 1403-1420.
[6] COMMITTEE ON THE RIGHTS OF THE CHILD, *General Comment n. 13:*

The Right of the Child to Freedom from All Forms of Violence, United Nations 18 aprile 2011.
[7] UNITED NATIONS CHILDREN'S FUND, *Hidden in Plain Sight: A Statistical Analysis of Violence Against Children*, UNICEF, New York 2014.
[8] Si veda, ad esempio: R.A. LEVINE, R.S. NEW, *Antropologia e infanzia. Sviluppo, cura, educazione: studi classici e contemporanei*, Raffaello Cortina Editore, Milano 2009.
[9] H. GARDNER, *Intelligenze creative. Fisiologia della creatività attraverso le vite di Freud, Einstein, Picasso, Stravinskij, Eliot, Gandhi e Martha Graham*, Feltrinelli, Milano 1994, p. 49.
[10] Si veda: www.cppp.it/shtupel_kosovo.html.
[11] K. GIBRAN, *Il profeta*, BUR, Milano 1996, p. 93.
[12] B. BETTELHEIM, *Un genitore quasi perfetto*, Feltrinelli, Milano 2005, pp. 145, 147.
[13] Grande divulgatrice del *time out* in Italia è Tata Lucia, alias Lucia Rizzi, del reality televisivo *SOS Tata*. Nel suo caso l'uso è dichiaratamente punitivo: «Innanzi tutto bisogna scegliere il posto da usare. Deve essere un luogo "noioso" dove il bambino non abbia niente di interessante da fare. Se disponete di uno sgabuzzino o di un corridoio cieco tanto meglio, altrimenti va bene anche il bagno». Dal libro: L. RIZZI (a cura di L. SALERNO), *Premi (molti), punizioni (poche). La strategia vincente del rinforzo positivo*, Fabbri Editori, Milano 2012, p. 74.

5. *I miti ancora attivi delle punizioni oggi*

[1] Duccio Scatolero, psicologo e criminologo, intervistato da F. ANTONIOLI durante la puntata *Serve lo schiaffo?* del programma *Cari genitori: videoproposte per vivere in famiglia*, a cura di F. ANTONIOLI, R. GRASSI, L. SEGAFREDDO, F. SCATTOLINI; regia di E. CARLESI, Leumann, Elledici Multimedia, Padova, Audiovideo Messaggero di sant'Antonio, 1997.

[2] C.C. BARRATIER, *Les Choristes*, Francia, Svizzera, Germania 2004, 95 min.
[3] R. MORELLI, *Punizioni ai bambini. Le regole pratiche*, blog *Figli felici* sul sito riza.it, disponibile al link: www.riza.it/figli-felici/vita-in-famiglia/2626/punizioni-ai-bambini-le-regole-pratiche.html.
[4] R. BROMFIELD, *Fila in camera tua! Guida rapida per vincere vizi e capricci*, Giunti, Firenze 2016, p. 57.
[5] S. FREUD, *L'Io e l'Es*, Bollati Boringhieri, Torino 1976, pp. 73, 74.
[6] A. PHILLIPS, *I no che aiutano a crescere*, Feltrinelli, Milano 1999, p. 64.

6. *Educare evitando le trappole emotive*

[1] Sul piano delle fasi psicoevolutive, utilizzo la classica distinzione fra infanzia (0-11 anni), preadolescenza (11-14 anni) e adolescenza (14-23 anni).
[2] A. OLIVERIO, *Le emozioni del bambino*, «Psicologia Contemporanea», n. 249, maggio-giugno 2015, p. 9.
[3] I. FILLIOZAT, *Le emozioni dei bambini*, Piemme, Milano 2014, p. 105.
[4] A. OLIVERIO, *Neuropedagogia. Cervello, esperienza, apprendimento*, Giunti, Firenze 2015, p. 10.

7. *Il pensiero infantile: concreto, magico, motorio*

[1] H.M. DUNSWORTH, ET. AL., *Metabolic Hypothesis for Human Altriciality*, «PNAS», vol. 109, n. 38, pp. 15212-15216.
[2] C.W. KUZAWA, ET. AL., *Metabolic Costs and Evolutionary Implications of Human Brain Development*, «PNAS», vol. 111, n. 36, pp. 13010-13015; riportato con il titolo *L'incredibile consumo energetico del cervello dei bambini* nell'edizione online di «Le Scienze», 26 agosto 2014, disponibile al link: www.lescienze.it/news/2014/08/26/news/cervello_consumo_energia-2262812/.

[3] A. OLIVERIO, *Neuroscienze. Che cos'è la neuropedagogia*, «Psicologia Contemporanea», n. 247, gennaio-febbraio 2015, p. 24.

[4] Jean Piaget, il grande psicologo svizzero che per primo ha cominciato a studiare lo sviluppo dei processi cognitivi dei bambini, così scriveva: «Per noi, un'idea o parola sono nello spirito, e la cosa rappresentata è nell'universo sensibile [...]. Per il fanciullo, i pensieri, le immagini, le parole sono bensì distinte dalle cose, ma situate in esse. Presentando il processo continuo di quest'evoluzione in fasi successive, si ottengono quattro fasi: 1) una fase di realismo assoluto, in cui gli strumenti del pensiero non sono affatto distinti, e sembra non esistano che cose; 2) una fase di realismo immediato, in cui gli strumenti del pensiero sono distinti dalle cose, ma situati in esse; 3) una fase di realismo mediato, in cui gli strumenti del pensiero sono ancora concepiti come delle specie di cose e vengono a un tempo situati nel corpo e nell'ambiente esterno; 4) una fase di soggettivismo o relativismo, in cui gli strumenti del pensiero sono situati in noi. Insomma, il fanciullo comincia confondendo il suo io o il suo pensiero col mondo, e finisce col distinguere i due termini». In J. PIAGET, *La rappresentazione del mondo nel fanciullo*, Editore Boringhieri, Torino 1966, p. 130.

[5] Sul metodo si vedano: www.cppp.it/il_metodo_litigare_bene.html e il libro D. NOVARA, *Litigare fa bene*, cit.

[6] Si veda ad esempio: T. GIANI GALLINO, *Il bambino e i suoi doppi. L'ombra e i compagni immaginari nello sviluppo del Sé*, Bollati Boringhieri, Torino 1993.

[7] A. FONZI, E. NEGRO SANCIPRIANO, *Il mondo magico nel bambino*, Einaudi, Torino 1979, pp. 44.

[8] Guido Petter, psicologo e studioso dello sviluppo infantile e delle teorie di Jean Piaget, così scriveva: «Vi è, anzitutto, la *magia per partecipazione tra gesti e cose*, fondata sulla convinzione che certi gesti realmente compiuti, od anche certe operazioni mentali (per es., il contare) esercitino, per partecipazione, una influenza su avvenimenti desiderati o temuti. [...] Un secondo gruppo di pratiche magiche può essere

definito come *magia per partecipazione tra pensiero e cose*. [...] Ecco poi la magia fondata *su partecipazione fra sostanze*, quella per cui l'azione magica non scaturisce più direttamente da un gesto o da un pensiero del soggetto, il quale si serve invece direttamente, per influire sugli avvenimenti o sulle cose, di rapporti di partecipazione vissuti come esistenti tra certe cose, che sono più vicine a lui e sulle quali può esercitare concretamente la propria azione, ed altre cose lontane e inaccessibili. [...] Altri rapporti di partecipazione, consistenti in una supposta comunanza di intenzioni, darebbero origine ad una quarta forma di comportamento magico, la *magia per comando*. Questa sarebbe fondata su una convinzione, più o meno sistematica e cosciente, che si determina quando il bambino comincia a differenziare la propria individualità dal mondo delle cose e degli altri esseri; secondo tale convinzione [...] le cose, che egli comincia a vivere come diverse da sé, continuano tuttavia ad essere da lui considerate come simili a lui stesso, e cioè dotate di consapevolezza; il loro movimento è comunque vissuto come carico di intenzionalità». In G. PETTER, *Lo sviluppo mentale nelle ricerche di Jean Piaget*, Giunti Barbèra, Firenze 1961, pp. 351-352.

[9] Tra i tanti, un libro che consiglio a tutte le famiglie di tenere in casa è G. RODARI, *Grammatica della fantasia. Introduzione all'arte di inventare storie*, Einaudi, Torino 2010.

[10] A. OLIVERIO, *I movimenti e la costruzione della mente*, Atti del Convegno internazionale *La mente del bambino. Maria Montessori e le neuroscienze*, Brescia, 8 ottobre 2014, pp. 21-22.

[11] Si riferisce al gruppo di ricerca del neuroscienziato italiano Giacomo Rizzolatti che con il suo staff dell'Università di Parma ha scoperto il sistema cerebrale dei "neuroni specchio". Si veda ad esempio: G. RIZZOLATTI, C. SINIGAGLIA, *So quel che fai. Il cervello che agisce e i neuroni specchio*, Raffaello Cortina Editore, Milano 2016.

[12] A. OLIVERIO, *I movimenti e la costruzione della mente*, cit., pp. 24-25.

[13] J. VANDERBILT, *Truth. Il prezzo della verità*, Usa-Australia 2015, 121 min.

[14] Si veda: D. NOVARA, *Litigare fa bene*, cit., capitolo 5.

8. *Il pensiero adolescenziale: instabile nella sua espansione*

[1] R. SAPOLSKY, *L'adolescenza necessaria*, «Internazionale», n. 1069, 19 settembre 2014, pp. 60-62. Utile anche: G. PIETROPOLLI CHARMET, *Fragile e spavaldo. Ritratto dell'adolescente di oggi*, Laterza, Roma-Bari 2009.
[2] Citazione liberamente tratta da F.E. JENSEN, A.E. NUTT, *Il cervello degli adolescenti. Tutto quello che è necessario sapere per aiutare a crescere i nostri figli*, Mondadori, Milano 2015, p. 115.
[3] K.H. LEE, G.J. SIEGLE, ET. AL., *Neural Responses to Maternal Criticism in Healthy Youth*, «Social Cognitive and Affective Neuroscience», vol. 10, n. 7, luglio 2015, pp. 902-912.
[4] R. FOSTER, *Why Teenagers Really Do Need an Extra Hour in Bed*, «New Scientist», n. 2913, 20 aprile 2013; traduzione a cura dell'Autore.
[5] *Ibidem*.
[6] M.C. BISI, R. STAGNI, *Development of Gait Motor Control: What Happens After a Sudden Increase in Height During Adolescence?*, «BioMedical Engineering OnLine», 20 maggio 2016.
[7] A. OLIVERIO, *Genetica e impulsività*, «Mente & cervello», n. 138, giugno 2016, p. 18.
[8] J.N. GIEDD, *Le meraviglie del cervello adolescente*, «Le Scienze», n. 564, 3 agosto 2015.
[9] F.E. JENSEN, A.E. NUTT, *Il cervello degli adolescenti*, cit., p. 220.
[10] «Avere genitori presenti in senso fisico e psicologico è un vantaggio per gli adolescenti anche se, come si sa, a loro dedicano eccessi di affetto e di odio in pari grado. In questa età, con la presenza genitoriale, nel loro cervello magicamente si attiva una zona specifica, il precuneo, che recenti ricerche hanno deputato responsabile della memoria episodica, della coscienza, della capacità di riflettere su se stessi, dell'immaginazione visuale e spaziale e, in ultima analisi, anche dell'espressione di emozioni quali la ribellione e la felicità. Diverse ricerche sulle funzioni del precuneo, regione del lobulo parietale superiore coinvolto

nella riflessione su se stessi e in alcuni aspetti della coscienza, hanno dimostrato anche il legame inverso, ovvero i ragazzi naturalmente più propensi verso comportamenti rischiosi tendono a essere più vicini ai coetanei, spesso frequentano poco il mondo adulto e hanno nei genitori dei referenti deboli.» Liberamente tratto da: A.E. CAVANNA, M.R. TRIMBLE, *The Precuneus: A Review of its Functional Anatomy and Behavioural Correlates*, «Brain», n. 129, marzo 2006, pp. 564-583.
[11] D. NOVARA, *Urlare non serve a nulla*, cit., capitolo 3.
[12] KONSTANTINOS KAVAFIS, *Itaca*, in *Settantacinque poesie*, Einaudi, Torino 1992.

9. *Organizzare l'educazione senza punire: un metodo in sei passi*

[1] S. VEGETTI FINZI, A.M. BATTISTIN, *I bambini sono cambiati*, cit., p. 197.
[2] D. NOVARA, *Urlare non serve a nulla*, cit.
[3] Tra i tanti si vedano: D. NOVARA, *Tutti assieme nel lettone. Che ci fa il bambino grande nel lettone con i genitori?*, «Psicologia contemporanea», n. 217, gennaio-febbraio 2010, pp. 58-63; e il capitolo 8 di *Imparare a litigare bene per una vita di coppia felice*, BUR, Rizzoli, Milano 2015, pp. 223-225.
[4] D. NOVARA, *Meglio dirsele*, cit., p. 213.
[5] D. NOVARA, *Urlare non serve a nulla*, cit., pp. 105-110.

10. *Il silenzio attivo e le sue applicazioni*

[1] D. NOVARA, *Urlare non serve a nulla*, cit., capitolo 3, pp. 111-114.
[2] La descrizione di questa tecnica si trova in D. NOVARA, *Urlare non serve a nulla*, cit., pp. 101-105.

INDICE